JN033563

英語実証研究の最前線

The Latest Development in Usage-Based Studies in English Linguistics

The Latest Development in Usage-Based Studies in English Linguistics

英語実証研究の

最前線

◆◆

編者

八木 克正 ・ 神崎 高明 ・ 梅咲 敦子 ・ 友繁 義典
Katsumasa Yagi ・ *Takaaki Kanzaki* ・ *Atsuko Umesaki* ・ *Yoshinori Tomoshige*

開拓社

は し が き

　本論文集は，関西英語語法文法研究会の設立 20 周年を記念して編集したものである．この研究会は，2000 年に発足して以来，分野や立場に拘泥せず，広く門戸を開いて，英語の実証的研究の最前線の場として成長してきた．以後 20 年，伝統的な語法研究，フレイジオロジー，コーパス言語学，生成文法，認知言語学，語用論，第二言語習得など，多様なバックグランドの研究者が集うこの研究会は，年に 2 回，7 月と 12 月に開催されてきた．

　自由な雰囲気と活発な議論と研究の中から，優秀な研究者が育ち，優れた研究成果が生まれた．個人としても著書を出版したり，各方面で優れた業績を発表してきた研究会会員であるが，この度，設立 20 周年を記念して，13 名の会員の論考を 1 冊の本として出版することにした．それぞれに個性あふれる論考になった．

　各論文の中の無用の誤りや論理展開の不備を避けるために，編集委員と査読委員は，提出された論文を手分けして丹念に読み，問題点を指摘し，それぞれの論文の改善を図った．同時に，各論文の個性，独自の思考・研究成果は尊重した．その成果を集成したものが本書である．

　会員は年齢においても多様で，30 歳前後から 70 歳半ばまでの研究者が一堂に会して議論することには大きな意義がある．研究を始めた年齢によって，否応なく時代の流行に影響を受け，多様な価値観をもっているからである．

　日本の英語学は，1960 年代になって Philology の時代から Linguistics へと大きな転換があった．すなわち Philological な伝統文法から Linguistics の構造言語学，そして一気に生成文法の時代を迎えた．参考文献が伝統文法の Henry Sweet, Charles T. Onions, Otto Jespersen, George O. Curme, Hendrik Poutsma, Etsko Kruisinga などの著作から，構造言語学の Ferdinand de Saussure, Leonard Bloomfield, Edward Sapir, Charles C. Fries,

Martin Joos, Bernard Block, George L. Trager などへ，さらに生成文法
の Noam Chomsky, Robert B. Lees, Jerrold J. Katz, Jerry A. Fodor を
始め，Steven Pinker, Ray Jackendoff に至った．その間に語用論が盛んに
なり，関連性理論が興り，また，ロンドン学派から Michael A. K. Halliday
の機能文法と John Sinclair を中心としたコーパス言語学，Ronald W. Lan-
gacker や John Taylor らの認知文法，ヨーロッパを中心としたフレイジオ
ロジーといった多様な言語研究の潮流が生まれた．Adele E. Goldberg によ
る構文文法は，日本の伝統文法研究者の考え方に近いことで驚きを与えた．
Dwight Bolinger はアメリカにあって，多くの日本の文法・語法研究者の相
談にのってきた特別な存在であった．

　言語学の世界は広く，時代によって有力な理論が入れ替わって行くことを
若い研究者は知っておかねばならない．特定の理論だけに拘泥するのでな
く，多様な理論が存在することを知ること，多様な理論を批判的に見ること
が必要である．この研究会は，そのような多様性と批判精神の涵養の場に
なってきた．研究会が発足した 21 世紀初頭は，言語学の諸潮流が混然と
なった時代であり，言語研究者が自分の立ち位置を見直すのにふさわしい時
期であった．

　このような多様な世界の言語研究の流れの影響を受けながらも，伝統的な
英語研究は継続されてきた．それが辞書・事典の編纂や文法研究がその成果
として現れている．日本で英語を研究することは，英語をより深く理解した
いという欲求に答えることでなければならない．言語理論が優れていること
を証明するためには，その理論が英語や日本語の理解や説明にどれほど寄与
できるかということを証明しなければならない．

　私たちの研究会は，その歴史の中で，常にそれを念頭において運営してき
た．実証的に英語や日本語の現象をうまく説明できるならば，どの理論に基
づいた研究であっても受け入れ，評価することができる．そういう研究の
20 年の積み重ねの成果をまとめたのが本書である．

編集委員（50 音順）　梅咲敦子（関西学院大学）

　　　　　　　　　　神崎高明（関西学院大学名誉教授）

　　　　　　　　　　友繁義典（兵庫県立大学）

　　　　　　　　　　八木克正（関西学院大学名誉教授）

査読委員（50 音順）　井上亜依（防衛大学校）

　　　　　　　　　　住吉　誠（関西学院大学）

代表　編集委員長

八木　克正

2020 年 6 月　コロナ禍の時に

目　次

第 III 部　理論展開

第 **I** 部

語法研究

第 1 章

英語の依頼表現 could you kindly は丁寧な表現か
——コーパスによるアプローチ——*

鈴木 大介
University College London

1. はじめに

　日本で刊行されたビジネス英語の文例集の中には，could you kindly が丁寧な依頼表現として掲載されていることがある．手元にあるものでは，10 冊中 4 冊に掲載されている．[1] しかし，副詞 kindly に関して，辞書ではやや押し付けがましく響くとの記述が見られる．この場合，could you と組み合わせた could you kindly は常に丁寧な依頼表現といえるのだろうか．本稿ではコーパスを用いて，英語母語話者の could you kindly という依頼表現の使用状況について調査を行い，その結果を語用論的観点から分析する．

---

* 本稿は関西学院大学大学院言語コミュニケーション文化学会紀要『言語コミュニケーション文化』第 15 号（2018 年 2 月）に掲載された内容に，Lancaster Postgraduate Conference in Linguistics and Language Teaching（2018 年 7 月），関西英語文法語法研究会（2019 年 7 月）にて発表した内容を踏まえ，新たにコーパスを追加分析して加筆修正したものである．貴重なご意見をいただいた先生方，ならびに 2 名の匿名査読者の方々にお礼を申し上げる．スターリング大学 David Bowker 氏ほか複数のインフォーマントにご協力を賜った．本論に残る不備は全て筆者の責任である．

[1] バーダマン，マヤ（2015）『英語のお手本　そのままマネしたい「敬語」集』朝日新聞出版，東京．
大島さくら子（2012）『的確に伝わる英文ビジネス E メール例文集』ベレ出版，東京．
竹村和浩・ビル ベンフィールド（2018）『世界基準のビジネス英会話』三修社，東京．
山口修（2005）『外資系の英文ビジネス文書フォーマット』明日香出版社，東京．

1.1.　背景

　今回調べた文例集のうち，一番多く例文掲載のあった大島（2012）は kindly および類似の副詞 possibly を含む依頼文を全部で7つ掲載している．以下にそのうち6つを引用する．(1) から (4) が could you kindly であり，(5) が would you kindly，そして (6) が could you possibly である．

(1)　Could you kindly send me a timetable for the bus?
　　　お手数ですが，バスの時刻表をお送りいただけますか．

(2)　Could you please kindly offer your color folders for our "Stationery Expo," which is scheduled to be held from March 1 to 7?
　　　3月1日から7日開催の「文房具市」に，カラーフォルダーのご出展をいただきたく，お願い申し上げます．

(3)　Could you kindly look at the report again?
　　　レポートをもう一度見ていただけませんか．

(4)　Could you kindly return the defective products at your earliest opportunity?
　　　こ都合がつき次第，弊社に欠陥品をご返送ください．

(5)　Would you kindly return the incorrect shipment on C.O.D＊?
　　　お手数ですが，誤送品を着払いで返送していただけますでしょうか．

(6)　Could you possibly deal with this issue and let me know the outcome by 3:00pm?
　　　できれば，この問題に対処し結果を午後3時までに知らせていただけますか

＊ COD＝Collect On Delivery

（大島（2012））

　まず始めに文法書と辞書による kindly の定義を確認したい．

1.2.　定義

　Quirk et al. (1985) は，副詞 kindly について2つのタイプを挙げている．

1つは様態副詞で，"He offered me a ride kindly. ['He offered me a ride and he did so kindly']" (p. 569) というタイプである．もう一方は下接表現の1つであるが (courtesy subjuncts)，ここでは仮に礼儀の副詞とする．主にポライトネスを示し，定型的な表現の中で用いられる副詞と定義される．用例としては "Will you *kindly* address a few words to the new students? [*ie* 'be kind enough to ...']" が挙げられ，このように疑問文の形で使用される場合に依頼となると説明される．本稿では依頼表現としての could you kindly に焦点を当てるため，後者の kindly のみを対象とする．同書では could you kindly の用例は無く，could you を用いた類似の表現としては "Could you/Mr Brandt *please* move to one side?" (p. 570) を掲載している．

　次に，辞書による定義を確認していく．各辞書は礼儀の副詞としての kindly を以下のように定義する（下線は筆者による）．

COBUILD: If someone asks you to kindly do something, they are asking you in a way which shows that they have <u>authority</u> over you, or that they are <u>angry</u> with you. [FORMAL]
e.g. Will you kindly obey the instructions I am about to give?

OALD: (<u>old-fashioned</u>, formal) used to ask or tell sb to do sth, especially when you are <u>annoyed</u> e.g. kindly leave me alone!

CHAMBERS: a (rather <u>peremptory</u>) substitute for 'please'

GENIUS: ていねいな依頼として用いるが，please と違ってしばしば<u>お</u><u>どけたり皮肉な含み</u>をもち，時には<u>押しつけがましく</u>響くので，ビジネス上の文章や目上の人に対しては避けるべきだとされる

WISDOM: 改まった丁寧な依頼で用いる；くだけた場面ではしばしば<u>皮肉・怒り・命令的な意</u>を感じさせることもあり，Could you possibly ...? といった表現の方が好まれる．

　これらの定義をまとめると，kindly は依頼として使われる場合には，

フォーマルだがしばしば皮肉を含意することもある，やや古めかしい表現といえよう．しかし，(1) のような非常に丁寧な日本語訳が当てはまるとすれば，kindly も could you と共に用いられることで，英語母語話者に丁寧な依頼と認識されるのだろうか．この点，WISDOM は could you kindly についての記述は無いが，kindly に対して could you possibly という代案を提示している．OALD は possibly を "used to ask sb politely to do sth" と定義し，"Could you possibly open that window?" のように，could you と共起する例を挙げている．また，Huddleston and Pullum (2002: 768) でも "Could you possibly come a little earlier next week? という例があるが，could you kindly についての記述は見られない．

1.3.　予備調査

　ここまでの情報を元に，予備調査を行った．could you kindly と could you possibly を英語母語話者に近い留学生に選んでもらったところ，4 名中全員が could you possibly を好ましい組み合わせとして選んだ．[2] さらに英語母語話者に電子メールにて確認したところ，同様の結果が得られた．以下はそのコメントである（下線は筆者による）．

- the combination (= *could you* and *kindly*) sounds unnatural because *kindly* is highly polite whereas *could you* sounds rather casual.
- I feel that I would use *could you possibly* more often than *could you kindly*.
- I would never use that phrase (= *could you kindly*) as it's way too formal or polite
- *Could you kindly ...?* is, ıt's kind of a command.

---

[2] 関西学院大学上ヶ原キャンパス G 号館にて行った．計 4 名の留学生（トルコ 1 名，オランダ 1 名，ドイツ 2 名）に以下の質問を記載した質問紙を配り回答を得た．また，英語母語話者（アメリカ 2 名：30 代，40 代）には同質問を電子メールにて送付し，回答を得た．
　　1.　When making a request, do you use the following phrase? Could you kindly ...?
　　2.　Which sounds natural to you, A or B? A: Could you kindly ...? B: Could you possibly ...?

1.4.　先行研究

Brown and Levinson（1987）のポライトネス理論に拠れば，依頼におい
てどの程度適切な言語選択が必要であるかは，社会的距離や依頼の負荷度に
よって規定され，以下の公式で表される．

> 社会的距離（D）＋力関係（P）＋負荷度（R）＝適切な言語ストラテジー
> によって是正されるべきフェイス侵害行為（Face-Threatening Acts ＝
> FTA）の度合い（Brown and Levinson（1987），Grundy（2008: 197））

この公式に拠れば，依頼の負担が大きくなるほど，慣用的間接依頼表現を
効果的に用いる必要が出てくる．具体的には，英語であれば could you や
would you といった表現である．堀（2006）は分析対象とした British Na-
tional Corpus 内の慣用的間接依頼表現 405 例のうち，相手への強要度の高
そうな 15 例について，英語母語話者が実際にどの程度強要度を感じるか調
査した．その結果，would you kindly を含む文[3]は英語母語話者に押し付け
がましく響いたという．これは，前節の英語母語話者による could you
kindly へのコメントにも近い．もし could you kindly も英語母語話者に
とって慣用的・間接的な依頼表現と感じにくいのであれば，特に依頼の負荷
度が高い場合には，その表現は FTA を是正しないのではないか．とすると，
英語母語話者は could you kindly について，1.1 節で見たような日本の一部
ビジネス英語参考書が意図するような丁寧な依頼としての使い方を常にして
いるのだろうかという疑問が生じる．Thomas（1983）の語用論的誤りのよ
うに，聞き手が話し手の発話意図を受け取ることができない可能性があり，
その場合には問題が生じるかもしれない．そのため，使用頻度と共に，どの
ような文脈で使用される表現かを明らかにすることは重要である．次節にて
検討したい．

---

[3] Would you kindly explain to me about what you're talking about?「この言い方は押し
付けがましい感じがする．特に 'kindly' はあまりにも丁寧すぎて皮肉に聞こえる」（堀
（2006: 63））．

2.　研究方法

　規範意識や確証バイアスにより，インフォーマントからのみで客観的な情報を得ることは難しい（中村（2017））．ゆえに，本調査ではコーパスによる検証を行う．COCA（Corpus of Contemporary American English），uk-WaC，そして ESC（EnronSent Corpus）を使用する．

　COCA は約 5.2 億語（2017 年調査時点）を含むアメリカ英語のコーパスである．ukWaC は .uk ドメインから収集された，約 13.2 億語からなるイギリス英語のコーパスである．両者とも大規模コーパスであること，英米の使用例を反映していることから用いる．それぞれ corpus.byu.edu[4] と Sketch Engine の検索エンジンを使用する．[5] ESC は約 13.8 百万語の電子メールコーパスである．アメリカ企業エンロン社の電子メールを集め，公開されている Enron Email Dataset のうち，送信フォルダに保存された電子メールに，メールソフトによる自動生成文をできる限り取り除く処理を施すなどして，扱いやすくしたものである（Styler（2011））．先に挙げたビジネス英語のテキストに最も使用域が近いため今回用いている．ESC の検索には AntConc（Anthony（2019））を使用する．依頼表現 could you kindly に加え，比較対象として could you possibly, would you kindly, would you possibly も検索する．

3.　結果

3.1.　コーパス間の頻度比較

　各コーパスによる検索結果を表 1 に示す．[6] 表中の数字は実数であり，（　）

---

[4] Davies, Mark. (2008-) The Corpus of Contemporary American English (COCA): 520 million words, 1990-present. Available online at http://corpus.byu.edu/coca/.

[5] Sketch Engine は https://www.sketchengine.co.uk/ukwac-corpus/ を参照.

[6] Could you possibly を含む検索結果の中には依頼ではない例文も含まれるため，依頼以外は取り除いた．例：How could you possibly know that? また，ESC では返信のための引用による重複分を除外している．このような重複は Styler（2011）による処理でも排除されておらず，ESC の使用にあたっては注意が必要である．

内が 100 万語あたりの語数である．表 1 からはビジネス分野の電子メール
において would you possibly 以外の使用頻度はほぼ同じであることがわか
る．[7] また，could you kindly の使用頻度は，今回使用した大規模コーパス
からは could you possibly や would you kindly を下回ることが示唆され
る．

Phrase	COCA	ukWaC	ESC
Could you kindly	4 (0.1)	12 (0.1)	12 (8.7)
Could you possibly	26 (0.5)	81 (0.6)	12 (8.7)
Would you kindly	9 (0.2)	44 (0.3)	11 (8.0)
Would you possibly	0	0	1 (0.7)

表 1：コーパスにおける頻度　　（　）は 100 万語あたり

しかし，Conrad（2002）が指摘するように，頻度だけではある表現に関
する知見を得ることはできない．次節ではコーパス内から具体例を考察した
い．

3.2.　質的調査

前節の通り，could you kindly は COCA から 4 例，ukWaC からは 12 例，
ESC からは 12 例が見つかった（表 1）．分析のため，意味の面からこれら
を以下の定義に従い 2 つのタイプに分類する．

Type 1 はフォーマルかつストレートに丁寧さを意味する依頼表現である．
例文（1）から（4）に相当する．Type 2 はフォーマルで丁寧だが，1.2 節の
辞書の記述に見られるような，苛立ちなどのネガティブな感情を含意するも
のである．つまり，もし could you kindly の使用例が純粋に丁寧さを伝え
るものであれば Type 1 と分類し，その使用例が丁寧ではあるが，権威，怒
り，皮肉，苛立ちなどを含意すると解釈できる場合には Type 2 と分類した．

全 28 例をこの定義に従い，分類を行った．

---

[7] ただし，後述の通り could you kindly は同一人物による繰り返し使用が見られる．

タイプ	COCA	ukWaC	ESC	小計
Type 1	0	3	12	15
Type 2	4	9	0	13
合計	4	12	12	28

表 2：could you kindly のタイプ比較

結果をまとめたものが表 2 である．結果，大規模コーパスでは Type 2 が上回り，ESC では逆となった．

3.2.1.　COCA と ukWaC の用例分析

以下の例文（7）から（16）は Type 2，（17）と（18）は Type 1 に分類したものである．[8]

(7)　"Now then," the chairman said, from the head of the table, "Dr. Townes, **could you kindly** explain how in the world you produced a duplicate of Sam Gunn?"　　　　　(COCA)

（7）は議会の緊急会議の一場面であり，could you kindly を含む文で how in the world と強い調子で依頼をしているのは議長である．Dr Townes よりも大きい議長の権威を示していると考えられる（Type 2）．

(8)　#CALLING ALL CLOTHIERS # Editor—**Could you kindly** tell the clothiers not to stitch on that nasty tag inside the neckline. It really is a pain on the neck. Thanks.　　　　　(COCA)

話者は衣料品業者にひどい（nasty）という形容詞とともに，タグを縫い付けないように依頼している．これは苛立ちや怒りを表し，話者から相手へのある種の命令と解釈できる（Type 2）．

---

[8]　スペースの制約により，Type 2 に分類した 16 例のうち，類似の特徴を示す例は省略した．Sketch Engine の ukWaC にて確認可能．

(9)　"Mr. Arozmendi," he said unexpectedly, turning to his left, "when you looked over the papers this morning, did you notice page fifty-six missing?" # "Oh, no, of course not, Galvan.　The report was complete.　I've said as much." # **Could you kindly** explain to us what it was about?　Naturally, just a summary."# "Huh? How's that?" # "Do I need to repeat the question?" # "No, no. Galvan," Arozmendi said nervously.　"I … to tell you the truth …, I don't remember."　　　　　　　　　　　　　　　　　　　　(COCA)

　ここで依頼をしている Galvan は Mr. Arozomendi よりも社会的地位が高いように見える．それは Galvan が Do I need to repeat the question? とやや高圧的に述べていること，あるいは Arozmendi が彼を恐れてか，ナーバスに (nervously) "No, no, Galvan" と返答していることから推察される (Type 2)．

(10)　I said, HOLD IT! (the courtroom QUIETS) Mr. Miller.　**Could you kindly** share with me exactly what's going on in your brain, because I don't have a clue at the moment.　　　　　　(COCA)

　登場人物たちの中で，話者は判事であり，裁判所内では明らかに他者よりも高い地位にある．そして彼は義務的な依頼をしている (Type 2)．
　ここまでの COCA の 4 例においては，話し手の方が社会的権力を持っており，相手よりも上の立場から依頼をしている．それゆえ could you kindly は Type 2 と考えられる．ここからは ukWaC の例である．

(11)　I understand it now to be late April and I have seen nothing in the newspapers or nothing anywhere else to suggest that the UK Government has come up with a satisfactory response.　**Could you kindly** tell us what is happening, or rather why is nothing happening? (applause)　　　　　　　　　　　　　(ukWaC)

　ある政治家が自分の置かれた状況を説明している．政府から十分な回答を

得ていないと感じているようである．そのため，ここでの could you kindly には苛立ちのような強い感情を読み取ることができる（Type 2）．

(12) **Could you kindly** take the pins out of the effigy that you have of me, I can't help but feel uneasy, although it looks nothing like me …　　　　　　　　　　　　　　　　　　　　　　　(ukWaC)

これは一見すると丁寧な依頼であるが，*could you kindly* に続く発話は，強い不快感を示している．よって，Type 2 と分類した．

(13) **Could you kindly** remove the listing from your website please otherwise I may have to take further actions.　　　(ukWaC)

(13) は相手先のメーリングリストから，書き手を除外するように依頼する電子メールの一部である．この例文からは書き手の怒りをたやすく理解できる．なぜなら，この前文で国外駐在（ex pats）には関心がないと強く否定した上で，もし要求が通らなければ，さらなるアクションを起こさなくてはならないといった強い言葉で意思表明をしているからである（Type 2）．

(14) Now that Mudchute has its own website, **could you kindly** put a link to it on your pages that deal with mudchute [sic] and change the phone number to 020 7515 instead of the 0171 number? Many thanks, David …　　　　　　　　　　　(ukWaC)

(14) はオンライン投稿の一部である．0171 はかつてのロンドンの市外局番であり，この発話時点では 020 で始まる番号が使われている．Mudchute はロンドン郊外の街で，現在街のウェブサイトがあるにも関わらず，書き手の求めるリンクが貼られておらず，電話番号も古いままである．そのため，苛立ちを含んだ丁寧さと解釈した（Type 2）．[9]

---

　[9] インフォーマント（30 代 イギリス）からは，この could you kindly からは "a tiny flavour of irritation" が感じられるとのコメントがあった．その理由はこの表現を使うことが，行政側はこの時点では既に変更を終えているべきであるということを暗示していると解釈できるからである．

(15)　Greetings & salutations to you, **could you kindly** fill your wait-
　　　ing public here on Die Shellsuit, Die! in on exactly who you are,
　　　what band you play in, what you play, where's the band …

(ukWaC)

Greetings & Salutations to you といった表現から，ここでの could you
kindly は丁寧さを大きく強調するために用いていると考えられる．イン
フォーマントによれば，現代で日常的に用いられる依頼表現と比較して，皮
肉ともとれるくらい大げさな表現であり，そのためここでは Type 2 に分類
した．

(16)　Cell mate: "Oops, did I just drop my bar of soap, **could you
　　　kindly** pick it up please…?" he he he These petite bourgeoisie,
　　　and their attempted stand against Tax.　　　　　(ukWaC)

この場面では，独房の相手（cell mate）が he he he と笑ったり，小ブル
ジョワ（the petit bourgeosise）と相手をあざけるような様子で話し掛けたり
しつつも，could you kindly という丁寧な表現を使っている．これは皮肉
を言うために大げさに丁寧な表現で依頼をしていると考えられる（Type 2）．

(17)　As the majority of the administration work will be undertaken in
　　　our North Wales office **could you kindly** send your entry forms
　　　to the North Wales office direct …　　　　　(ukWaC)

(17) は丁寧な kindly の用例と考えられる（Type 1）．この文は作文コン
テストの参加者へ向けた，市からのお知らせであり，書き言葉によるもので
ある．英国の 1 都市が，市民に対し，イベントへの参加を呼びかけている．
したがって，個人の依頼ではなく，読者との距離を保ったフォーマルな表現
が求められるオフィシャルな場面で用いられていると考えられる．

(18)　**Could you kindly** display the poster in your post, reflecting the
　　　huge effort put into making our services work.　　　(ukWaC)

　この依頼は投稿の中で，ポスターの掲載を奨励するために市役所によって
なされたものである．(18) の限られた文脈からは，フォーマルで丁寧な依
頼と推測される (Type 1)．

3.2.2.　ESC の用例分析

　ESC の例は電子メール本文の情報も手掛かりに全て Type1 に分類した．
12 例あるが，書き手は 8 名であることがわかった．[10]

(19)　**Could you kindly** confirm ASAP if you will have time for sight-
　　　 seeing as requested by Janette on her e-mail below.

(20)　**Could you kindly** confirm your attendance by replying to this E-
　　　 mail as soon as possible.

(21)　**Could you kindly** provide me with your revisions, if any, as
　　　 soon as possible.

(22)　**Could you kindly** give me a call at your earliest convenience.

　(19) から (22) に共通するのは as soon as possible あるいは at your
earliest convenience という副詞句を伴うことである．このことから特に前
者は強い依頼である可能性が高い．これは本調査内で抽出した could you
possibly を含む例文には見られない特徴である．[11] (19) はエンロン社のア
シスタントにより送信されたものである．[12] (22) はエンロン社の外部から
送られている．

(23)　**Could you kindly** advise whom I should be contacting to con-
　　　 firm this is indeed the proper Enron entity …?

---

[10] (20) (21) (24) (25) は同一人物である．それとは別人だが (28) (29) も同一人物で
ある．残りは全て例文ごとに書き手は別の人物である．

[11] 厳密には ASAP と共に用いた例が 1 件あるが，ロシア大統領のセリフを創作した迷惑
メールの一部であり，書き手が不明である．

[12] ただし，(19) は本文に記載されている署名が日本人名であるため，英語母語話者であ
るかは定かでない．

(24)　**Could you kindly** confirm whether you will be attending the management conference in San Antonio in order that I may provide this information to the airline charter companies …

(25)　**Could you kindly** let me know if changes should be made to these reports in order that I may forward our corrected information …

(26)　**Could you kindly** let me know how to contact Mr. *** (or his replacement) so I can speak with him / her briefly.

(27)　***, **could you kindly** take a quick look over this so that I can return it for execution.

(23) から (27) の 5 つの例は全て so that, in order that 等を使い，理由を明記の上，依頼をしている点に特徴がある.[13] (27) は外部の人間である.

(28)　**Could you kindly** please offer me some real weather data information about the price peak or plummet …?[14]

(29)　**Could you kindly** please let me know the contact information …?

(30)　**Could you kindly** send me your full name, address and telephone number?

(30) は大学の部門長が委員会の新メンバーに送った依頼文である．新メンバーとはいえ，電子メール本文からは旧知の仲であることがわかる．知人に対して改めて個人情報を求めること，立場のある人物同士であることから，この依頼にはよりフォーマルな依頼表現が選択されたと考えられる．

---

[13] しかしながら，理由付けは could you possibly にも見られるため，could you kindly に固有の特徴とまでは言えない.

[14] (28) (29) の書き手は博士論文を執筆中であり，エンロン社の博士号保持者に研究のためのデータを依頼している．副詞 please と kindly を併用するという特徴がみられるが，署名と本文の内容から，アジアからの留学生による依頼文と推察される．もちろん断定することはできないが，英語母語話者ではない可能性を考慮しここではコメントを控える.

4.　考察

　本稿の目的は英語母語話者が日本のビジネス英語テキストに記載があるような純粋に丁寧な依頼目的で，could you kindly を使うのかを調査することである．表 1 は could you possibly の頻度が could you kindly よりもおよそ 6 倍（COCA），あるいは 7 倍（ukWaC）であることを示している．ESC では両者に頻度差は無かったが，同じ人物が繰り返し用いていることを考慮すると，could you possibly の方が，若干ではあるが頻度が高いと言えよう．[15]

　could you kindly に関しては 28 件が見つかった．28 件のうち，4 件が COCA であり，ukWaC と ESC が 12 件ずつであった．大規模コーパスにおいては権威や苛立ちを示すような使い方と定義した Type 2 の方が Type 1 よりも多く見られた（表 2 参照）．COCA の用例は 4 例とも全て Type 2 に分類された．ukWaC も同様に総数は少ないながらも Type 2 が多くを占めた．

　さらに Type 2 の用例を精査すると，以下の 2 つのサブカテゴリーに分類できる．1. 丁寧な依頼だが，権威や苛立ちを暗示，あるいはやや明示的に示すもの．例文では（7）から（14）にあたる．2. シニカルな効果を創出するために，オーバーに丁寧な表現として用いるもの．例文では（15）や（16）である．kindly に関しては，既にこの意味は辞書にも記述があるが，could you という慣用的間接依頼表現と共に用いたとしても，kindly の持つ響きが和らげられるわけではないということが言えるであろう．

　一方，type 1 と分類された例に共通するのは，一般によりフォーマルさが要求される書き言葉ということである．（17），（18）は市役所関係者によって書かれたものだと思われる．公共のアナウンスにおいては，この表現は読

---

[15] ビジネス以外の文脈における英語母語話者の使用状況（例えば生徒から先生への依頼）について，インフォーマント（イギリス，40 代）からは，「自分（准教授）が，英語を母語とする学生から could you kindly ...? という依頼をもし受けたら少し驚くだろう」とのコメントを得た．理由はその依頼が強制的に響くからである．これは 1.3 節のインフォーマントのコメントにも近い．

者と書き手との間の距離を保つ役割を果たしていると考えられる．副詞句 *as* soon as possible 等を含む（19）から（22）の例からは，Type 1 と分類したものであっても，やや強要度の高い依頼である様子がうかがえる．依頼理由を文中に明記する（23）から（27）などは，could you kindly の強要度を書き手が理解し，和らげようとする意図が働いている可能性がある．（30）は立場と依頼内容から，（17）に近いフォーマルな依頼を選択したと考えられる．

　以上の分析結果から，確かに，could you kindly については大島（2012）等のビジネス英語参考書が想定するビジネスの場面を中心に丁寧な依頼として使われる例が見られる．ただし使用場面としては，使い手が明確な意図，例えば苛立ちを伴うような要請をしたい場合や，冗談や皮肉を言うために大げさに丁寧な表現をしたい場合，あるいは公式なアナウンス時など読者と一定の距離を保ちたい場合，丁寧ではあっても強めに依頼したい場合など，主に個人間の丁寧かつ気軽な依頼ではない文脈で使用される様子がうかがえることには留意する必要があるだろう．換言すれば，FTA の程度を下げる目的で，文脈を考慮せずに丁寧な依頼のつもりで could you kindly を用いることは，必ずしも有効な言語ストラテジーとは言えないのではないだろうか．

5.　おわりに

　本稿では大・小規模コーパスを用いて could you kindly の分析を行い，英語母語話者が必ずしも FTA の是正を目的として使用しないことを示した．[16] ただし，非英語母語話者による使用状況，依頼の受け手の容認性，could you possibly を始めとした他の依頼表現との違いなどは今後の調査課題である．

---

[16] ESC の限界として，送受信者間の社会的距離や力関係が明確でない場合がある．ビジネス電子メールにおける FTA については今後データを収集し，さらに包括的な記述を検討したい．

参考文献

Anthony, Laurence (2019) AntConc (3.5.8) [Computer Software] <http://www.laurenceanthony.net/>

Brown, Penelope and Stephen C. Levinson (1987) *Politeness: Some Universals in Language Usage,* Cambridge University Press, Cambridge.

Conrad, Susan (2002) "Corpus Linguistic Approaches for Discourse Analysis," *Annual Review of Applied Linguistics* 22, 75-95.

Grundy, Peter (2008) *Doing Pragmatics*, 3rd ed., Hodder Education, London.

堀素子 (2006)「英語の慣用的間接依頼表現」『研究論集』84, 57-74.

Huddleston, Rodney and Geoffrey K. Pullum (2002) *The Cambridge Grammar of the English Language*, Cambridge University Press, Cambridge.

中村文紀 (2017)「コーパスを用いた類義語の研究」『北里大学一般教育紀要』22, 43-58.

大島さくら子 (2012)『的確に伝わる英文ビジネス E メール例文集』ベレ出版，東京.

Quirk, Randolph, Sidney Greenbaum, Geoffrey Leech and Jan Svartvik (1985) *A Comprehensive Grammar of the English Language,* Longman, London.

Styler, Will (2011) "The EnronSent Corpus," University of Colorado at Boulder Institute of Cognitive Science, Boulder. <https://www.colorado.edu/ics/sites/default/files/attached-files/01-11_0.pdf>

Thomas, Jenny (1983) "Cross-Cultural Pragmatic Failure," *Applied Linguistics* 4, 91-112.

辞書・コーパス　　（　）は略号

Collins COBUILD Advanced Learner's Dictionary, 8th ed. (COBUILD)

Oxford Advanced Learner's Dictionary, 8th ed. (OALD)

The Chambers Dictionary (1998) (CHAMBERS)

『ジーニアス英和辞典 第 5 版』(GENIUS)

『ウィズダム英和辞典 第 4 版』(WISDOM)

The Corpus of Contemporary American English (COCA)

British Web 2007 (ukWaC)

The EnronSent Corpus v1.0 (ESC)

第 2 章

起動動詞 commence の補部の考察
─名詞を補部にとる場合─*

藏薗 和也

神戸学院大学

1. はじめに

　従来の起動動詞研究では，動詞 begin や start が to 不定詞（以降，to V）と動名詞（以降，V-ing）を補部にとる場合の意味の違いについて様々な議論が行われてきた（Jespersen (1940)，Bolinger (1968)，Quirk et al. (1985)）．その一方，commence のように使用される場面が限られた，起動動詞の中でも周辺的な語の使用に関しては十分な議論が行われていないことも多い．実際に commence の振る舞いについてコーパスを観察すると，to V や V-ing が後続するパタン（1a, b）よりも名詞（以降，NP）が後続するパタン（以降，commence NP）の使用（1c）が多く観察されるにも関わらず，英和辞典・英英辞書では commence NP の振る舞いに関して十分な説明はみられない（以降，引用中の下線・太字は筆者による）．

(1) a. commence **to give** [giving] lectures （W3）
　　b. She commenced **studying** law. （G5）
　　c. commence **a literary career** （SA5）

---

　* 本稿は，2019 年 7 月 13 日（土）に開催された関西英語語法文法研究会第 38 回例会での発表内容を加筆・修正したものである．貴重なご意見を頂いた先生方・査読委員の方々に御礼申し上げる．なお，本稿に残る不備は全て筆者による．

　本稿の目的は，起動動詞と名詞の連鎖から成る表現（以降，起動表現と呼ぶ）である commence NP の統語的・意味的な振る舞いを観察し，その特徴を詳細に記述することにある．

2.　起動動詞 commence の特徴

2.1.　起動動詞とは

　アスペクトの観点から事象を分析すると，出来事は何も動きのない静の状態から行為が実際に実現されるまでの段階（＝準備段階（Freed（1979）））と，出来事が実際に行われた段階（＝実現段階（藏薗（2016）））とに意味区分できる．実現段階はさらに「開始」「途中」「終わり」の 3 つに下位区分できる．起動動詞とは出来事の「開始」を表す動詞であり，起動相（または始動相）の動詞と呼ばれ，アスペクトと深く関係している．

　Curme（1931: 377）は commence, begin, start（米国口語表現としての start in），start out を始動相（ingressive aspect）に着目する動詞として挙げ，to V，V-ing と結びつくと，単純現在時制で行為の開始が習慣的に行われている様子（2a）を表し，単純過去時制で過去における行為の開始を事実として表す（2b）こと，さらに現在進行形で現在時における活動の開始（2c）を表し，過去進行形では行為の開始を展開中の出来事として表す（2d）という．

> (2) a.　When we scold her, she begins to cry (or begins crying).
>
> 　　 b.　When I said that, she began to cry.
>
> 　　 c.　It is beginning (starting) to rain.
>
> 　　 d.　It was just beginning to rain as I awoke.
>
> 　　　　　　　　　　　　　　　　　　　　　　　　（Curme（1931: 377））

2.2.　英和辞典，英英辞書の記述

　最初に，起動動詞 commence が持つ基本的な特徴ついて英和辞典および英英辞書の記述を基に確認する．その後，文法書や著書などの文献を確認

し，先行研究の課題を示していく．

　まず，英英辞書をみると，commence が to V，V-ing，NP を補部にとること，さらに begin や start よりもはるかに formal である（LDCE6）という説明がみられる．英英辞書からいくつか用例をあげておく．

(3) a. The hunter knelt beside the animal carcass and commenced **to skin** it.　　　　　　　　　　　　　　　　　　　　　（COBUILD9）

b. Operators commenced **to build** pipelines in 1862.　（OALD9）

(4) a. The planes commenced **bombing** on Wednesday.　（LAAD2）

b. Unfortunately, he commenced **speaking** before all the guests had finished eating.　　　　　　　　　　　　　　　　（CALD4）

(5) a. They commenced **a systematic search**.　　　　　（COBUILD9）

b. She commenced **her medical career** in 1956.　　（OALD9）

c. We will commence **building work** in August of next year.

　　　　　　　　　　　　　　　　　　　　　　　　　　　　（CALD4）

d. Your first evaluation will be six months after you commence **employment**.　　　　　　　　　　　　　　　　　　　　（LDCE6）

　英和辞典をみてみると，『プログレッシブ英和辞典』第5版（以降，PG5）では「裁判・宗教など改まった事に用いる」という記述がみられる．また，意味定義についてもっとも具体的に示している『ウィズダム英和辞典』第3版では，他動詞 commence は「〈人などが〉〈事・行為など〉を開始する，始める」という意味を表すとして *commence negotiations*（交渉を開始する）という用例とともに示されている．さらに使用頻度の観点から，『ユースプログレッシブ英和辞典』（以降，Youth）には commence to V と commence V-ing とでは3:7の割合で後者の方が使用される頻度が高いという説明がみられる．

2.3.　歴史的な考察

　Jespersen（1940: 196）によると，本来語（native word）の begin と比べ，文法家の中には commence の使用を嫌う者がいたという．*Webster's Dic-*

tionary of English Usage (1989)（以降，WDEU）では，1866 年頃には commence が新聞で頻繁に使用されており，新聞記者の間では好んで使われたとされている．その一方，commence の使用を嫌う評論家からは尊大 (pretentious)，不必要な上品な語 (an unnecessary genteelism)，古風で不適切 (old-fashioned and inappropriate)，堅苦しいまたは学者ぶった (bookish or pedantic) などの評価を受けてきたが，14 世紀以降の英語で常用されてきたので，これらの批判は強調されるべきではないと説明している．

　ただ，Hayakawa (1996: 35) は，時に下品に (vulgarly)，時に滑稽 (humorously) に行為が開始されることを表すと説明し，*We commenced to drink our beer* の例を挙げている．そのほかにも語法書 *Fowler's Dictionary of Modern English Usage* (2015) では，commence は begin と start よりもむしろ形式的 (formality) という良い印象または尊大さ (pomposity) という悪い印象を与えるという記述が残っている．

　Visser (1963: 199) では，commence は連結詞として sinful, infallible のような形容詞をとったり they commenced schoolmasters (＝they began as schoolmasters) のように名詞をとったりして，become の意味で使われていたと説明されている．一方，この用法は commence M.A.; doctor; Bachelor of Arts などの学問に関する表現を除いては現代では古風 (archaic) であるという．

2.4.　使用域とスピーチレベル

　小西（編）(1980: 123) は，commence がフランス系の堅い語で，法律上の手続きや宗教上の儀式，軍隊内の手続きなどの堅苦しい行事や出来事に適していると説明している．*Merrium-Webster's Dictionary of Synonyms* (1984)（以降，MWDS）も (6) のような例を挙げながら同様の説明をしている．ただ，小西（編）(1980: 123) には V-ing が緊迫した場面 (7) で使用されるという踏み込んだ説明がみられる．

(6) commence a lawsuit / will commence drilling for new wells / di-
rects the commission to commence its work not later than thirty
days from adoption of this resolution 　　　　　　　　(MWDS)

(7) He began a rocking motion, ... At one-thirty he began to. get
stiff; ... His eyes began darting horizontally, the pupils dilated.
He commenced chanting.　　(Cline, *Damon*)（小西（編）（1980: 123））

2.5.　先行研究の課題

　ここまで先行研究における動詞 commence の記述を概観するなかで，起
動動詞 commence がフランス語由来の堅い語で，特定の堅苦しい行事や出
来事での使用が中心であり，時に尊大さという悪い印象を与える語であると
いう特徴が確認できた．さらに，commence to V と commence V-ing との
使用頻度の違いについての説明がみられたが，commence NP の使用頻度や
そのほかの振る舞いの違いに関して詳しい説明はみられない．このことか
ら，commence NP の振る舞いに関してはまだ議論の余地がある．

3.　コーパス調査

3.1.　コーパスによる典型的なコロケーションパタンの抽出

　本稿では，現代英語における起動表現 commence NP の統語的・意味的
特徴について調査するため，コーパスを使って（i）NP にどのような語が使
用される傾向が強いのかを量的に調査し，（ii）共起しやすい語が持つ性質と
それらの語が使われる文脈について質的に調査した．

　調査には，（i）イギリス英語とアメリカ英語に共通するコロケーションで
あること，（ii）連鎖が偶発的なものでないことを示すために，イギリス英語
の書き言葉と話し言葉約 1 億語を収集したサンプルコーパスである The
British National Corpus（以降，BNC），アメリカ英語の書き言葉と話し言
葉約 6 億語（2019 年 7 月時点）を収集したモニターコーパスである The
Corpus of Contemporary American English（以降，COCA），そして uk ド
メインのウェブブラウザからイギリス英語の書き言葉と話し言葉約 13 億語

(2019 年 9 月時点) を収集したサンプルコーパス The UK Web as Corpus (以降, ukWaC) を用いた.

表 1： commence NP に生起する名詞とその生起頻度 (BNC, COCA, ukWaC)[1]

BNC	頻度	COCA	頻度	ukWaC	頻度
proceeding(s)	33	operation(s)	21	work(s)	629
work	30	activity	19	operation(s)	286
operation(s)	17	work	17	proceeding(s)	230
production	8	process	14	employment	137
probation	5	proceedings	10	business	110
business	5	fire	8	construction	92
action(s)	4	series	8	study (studies)	90
manufacture	3	campaign, investigation	7	negotiation	87
negotiation, insulin, employment, construction, battle	2	assult, search, study, treatment, war	6	the course	75
				treatment	74

　コーパス調査の結果, 表 1 に示された名詞が commence の補部に生起する頻度が高いことが確認された. 次節以降では, これらのデータと BNC, COCA, ukWaC における commence to V と commence V-ing の統語的・意味的な振る舞い[2]を比較しながら起動表現 commence NP の統語的・意味的特徴について検討していく.

---

[1] BNC, ukWaC を使って commence から右に 3 語以内に名詞が生起する語を CQL 検索 ([lemma = "commence"] [tag = "J.*|PP.?|DT|CD|RP"] {0,3} [tag = "N.*"]) を行い, Frequency の高い順に生起する語をリストした. また, COCA では中心語 ([commence].[v*]) から右に 3 語以内に生起する名詞全て (_nn* (noun. ALL)) を共起語検索 (collocates) を行って抽出した. 表 1 では, 各コーパスで生起頻度が高い順に 10 語提示している. ただし, 10 語目の名詞で頻度が同じ名詞が複数ある場合には 10 語を越えて表に記載している.

[2] 一部, Kurazono (2018) および 藏薗 (2019) における調査結果に依る.

3.2.　commence NP に生起する語の典型例

　まず，commence NP で使われる語の特徴について観察していく．BNC，
COCA，ukWaC で NP の位置にくる語を調査した結果（表1）をみてみる
と，表中のすべての語の中で少なくとも 2つのコーパスにおいて NP の位
置に生起する語は business, construction, employment, negotiation(s),
operation(s), proceeding(s), study (studies), treatment, work(s) である．

3.3.　commence の共通点

　動詞 commence は to V, V-ing, NP を従えた（8）のような場合でも，
太字で示したように時点副詞と共起していることから，出来事の開始時点に
着目した表現であることがわかる．(8a) は火災時の救出活動が，(8b) は軍
の連隊による敵塹壕の最前線への進攻が，(8c) は野営地の周りに道をつく
る作業がそれぞれ特定の時間に開始したことを示している．この現象は，
commence が瞬時性をもつ動詞であることに起因していると考えられる．

(8) a.　By 9:30 a.m., a number of civilians who had failed to reach
the roof and could not descend because of intensifying smoke
became trapped on the 105th floor.　But then: **At approxi-
mately 9:07 a.m.,** two chiefs commenced operations in the
South Tower lobby.　　　　　　　　　　　　　　　(COCA)

b.　**At 1pm**, the regiment commenced to take over a portion of
the front line trenches, relieving the 8th Hussars.　　(ukWaC)

c.　We commenced working this morning **at 5 o'clock am** mak-
ing roads about our camp.　　　　　　　　　　　(ukWaC)

3.4.　動詞 commence の進行形での使用について

　瞬時性を持つ動詞表現 commence NP は (9a, b) のように進行形で NP
で表される物事が実現されるまでの段階的な変化を表すが，[be commenc-
ing V-ing] という言い方は好まれない傾向がみられる．(9a) はコールセン
ターに経験豊富な相談役が採用され，働き始めるという状況に向けて徐々に

近づいている様子を表している．(9b) は財団（The Children's Investment Fund）が，インドで慈善団体の運営を開始する場面で，運営開始に向けて状況が徐々に変化している様子が描かれている．補部で表される出来事が実現される前の段階における変化を表すという点で，commence to V と類似した特徴を持っている．実際に，(9c) では commence が進行形で表され，眠たくなった状態（*to get drowsy*）が実現されるまでの段階的な状態変化が始まっている様子を表しており，to V，NP を補部にとる場合には V-ing を補部に取る場合とは異なり，準備段階における段階的変化を表すことができる特性をもつ．

(9) a. The automated telephone advice "Q" Call has been contacted by 1,577 users. The Call Centre has now recruited an experienced adviser from Sheffield who will be commencing work in April 06. (ukWaC)

b. CIFF currently funds in 5 countries, operates a staffed office in Nairobi, Kenya and Kampala, Uganda and is commencing operations in India. (ukWaC)

c. … just as I was commencing to **get drowsy**, I heard dogs howling. (ukWaC)

be commencing V-ing という表現形式がみられない現象は，V-ing が継続的な活動（Dixon (1991: 219)）や実際の行為（Bolinger (1968)，Quirk et al. (1985)）を表し，さらに本動詞で表される出来事と V-ing で表される出来事とが時間的に同時に生起するという同時性（Verspoor (1996)）と呼ばれる性質をもつことに起因すると考えられる．

　構文的な意味を考えると，V-ing は「実現段階」における継続的・実際的な行為を表すが，be commencing は行為が実現される前の「準備段階」における段階的変化を表すため，be commence と V-ing という表現形式で表される出来事はそれぞれ異なるアスペクト的局面を表す．つまり，be commencing と V-ing とが相いれないアスペクト的な意味を表すため be commencing V-ing の使用が避けられる傾向にある．一方，commence NP で使

われるような派生名詞や名詞は，動的な性質というよりも名詞性が強く，
「単なる行為の記録」を表す性質をもつ.³ 単なる行為の記録を表すという
NP の意味特徴は準備段階を表す be commencing と意味的な衝突は起こさ
ない．そのことが be commencing NP という表現を可能にしていると考え
られる.

3.5.　公の場における指示や手順を表す commence NP

　起動表現 commence NP が使われる場面には一定の規則性がみられる.
例えば（10）をみると，建設地や学校，医療機関などの公の場で活動する際
の手続きや手順について説明・指示する文脈で commence NP が使用され
ている.（10a）は，土地の開発の際に現場作業を請け負う業者が決められた
機関に連絡をとる必要性を，（10b）では全ての学生に対して入学前に英語
の計算・言語能力を証明する書類の必要性を，（10c）では講座の受講開始前
に法律協会に会員登録する義務があることを，（10d）では高リスクの患者
に対して症状発症から 48 時間以内に治療可能な場合の抗ウィルス剤処方の
必要性を説明している例である．このように指示や手順を示す文脈で，義務
を表す助動詞 should，must や時間的制約を表す within … hours などの語
との共起が特徴的である.

---

³ Quirk et al. (1985: 1290) は，arrival, behaviour, action のような動詞由来名詞 (de-
verbal noun (＝派生名詞 (derived nominal)) は arriving, behaving, acting のような動詞
的名詞 (verbal noun) とは異なり，単なる行為の記録を表し，さらに (i), (ii), (iii) にあ
るように for a month のような継続を表す修飾語句や with courtesy, in a nasty manner の
ような様態を表す修飾語句との共起は不自然であると説明している.

 (i) their arriving for a month / ?the (ir) arrival for a month
 (ii) their behaving with courtesy / ?the (ir) behaviour with courtesy
 (iii) their acting in a nasty manner / *the (ir) action in a nasty manner

また，Ross (2004) では名詞性 (Nouniness) の程度が節の種類によって異なり，文らしさ
の最も強い that 節 (that) から名詞性の最も強い名詞 (Noun) までの間に (iv) のような「意
味の段階性」があると主張している．この主張においても名詞と派生名詞は commence に
後続する V-ing ((iv) でいう動名詞付き対格 (Acc ing) に相当し，動詞的動名詞とも呼ば
れる) よりも名詞性の強いものであることが確認できる.

 (iv) that > for to > Q (embedded questions) > Acc Ing > Poss Ing > Action Nom-
   inal > Derived Nominal > Noun

(10) a. If you are a developer of a new property (single or small development), you **should** contact us as soon as you <u>commence work</u> on site. (ukWaC)

　　b. All students **must** provide documentary evidence of numeracy and competence in English before <u>commencing study</u>. (ukWaC)

　　c. Students **must** be enrolled as student members of the Law Society before <u>commencing the course</u>. (ukWaC)

　　d. At-risk patients **should** only be prescribed zanamivir if they are able to <u>commence treatment</u> within 48 hours of onset of symptoms. (ukWaC)

さらに，新事業の開始（11a）や雇用主との雇用契約の開始（11b），訴訟手続きの開始（11c）や国家間の交渉の開始（11d）なども，個人的行為というよりも公共性の高い場での代表者や会社，国などによる行為の開始を表している．このことからも，*WDEU* が説明するように commence が新聞でよく使われる語であるという特徴は，この公共性の高い場における人や会社，国などの機関が行為を開始する際に使われるという commence NP の性格に起因しているものと考えられる．つまり，具体的な行為の進展を意識するというよりも，新聞などで「（人・会社・政府機関など）が（手続き・事業・交渉など）を開始すること」を事実として読者に広く知らせる際に使われるという特徴をもつものと考えられる．

(11) a. Robison Bros <u>commenced business</u> in 1854 and closed for business in 1973 and were pioneers in the engineering history of Australia.

　　b. The Protection of Children Act 1999 advises that certain professions must be checked against the list prior to <u>commencing employment</u>. (ukWaC)

　　c. … bar disciplinary committees nationwide "are beginning to <u>commence proceedings</u> against prosecutors more frequently," …. (COCA)

d.　[Pakistan] had agreed to <u>commence negotiations</u> … on Disar-
　　　mament on a treaty banning the production of fissile material
　　　for nuclear weapons.　　　　　　　　　　　　　　　　　　(ukWaC)

3.6.　行為全体の記述か行為の具体的な記述か

　BBI3 では，commence V-ing を代表するコロケーションの例として軍事
用語として使われる commence firing という表現を記載している．ここで
は，commence fire という表現もみられるが，commence firing という表現
が典型例として記載されている理由を考えてみたい．その後，commence
NP の特徴について commence V-ing と比較しながら記述していく．

　(12a) の用例をみてみると，軍の中佐が部下に命令を伝令として伝えるよ
うに指示する場面であり，具体的に攻撃が展開する様子を描写しているとい
うより，砲撃の開始という行為の伝達に重きが置かれている．さらに，fir-
ing が目的語や標的を表す語句を後続させる前置詞 into などと共起するこ
とで，(12b) のように「誰が (the enemy)」「何を (shrapnel)」「何に対して
(into our trenches)」発砲したかという具体的な記述が可能になる．実際に，
(12b) では敵の砲兵が砲撃を開始し，イタリア歩兵隊が敵を急襲し敵地に
なだれ込むという場面で砲撃が継続的に続く中，敵が塹壕に向けて砲弾を発
射する様子が描かれている．これらの例から考えて，行為が実際に展開する
緊迫感のある場面では，単なる行為の記録に使うような名詞性の強い語より
動名詞が好まれるようだ．

(12) a.　As the boats reached the 10,000-yard mark, Ogier said to the
　　　　　Maddox's gunnery officer, Lt. Raymond Connell, "Tell
　　　　　Corsette, 'Slow salvo fire. <u>Commence fire.</u>'"　　　(COCA)
　　　b.　Throughout the night they were occasionally sniping at us, and
　　　　　in the morning as it was just getting light, **the enemy** <u>com-</u>
　　　　　<u>menced firing</u> **shrapnel into our trenches** and some of the
　　　　　shrapnel found a goal in us, but luckily did not do any dam-
　　　　　age.　　　　　　　　　　　　　　　　　　　　　　　(ukWaC)

　さらに，（13a, b）のように operation(s)，work(s) をとる場合には，受け身表現 be hoped to, be expected to などを伴って個人の意見というより客観的な見解として特定の行為の開始が期待されていることが述べられている文脈で使われている．一方，（13c）では to 不定詞を伴って，船のエンジンが起動してスクリュー（propellers）が動き始める（to work）という行為までの間に，兵士たちの気持ちが段々と落ち込んでいった（downhearted）様子が表されている．この例は，commence が to V を補部にとる場合には，（9c）のように本動詞 commence を進行形で用いなくても準備段階における状態変化を表すという点で，commence NP とは異なることを示している．これは，単に行為を記録するという特性を持つ NP とは異なり，to V が「準備段階における変化を表す（Kurazono（2018））」という意味特性をもっていることに起因するものと考えられる．

(13) a. A new multi agency team has been established to support the victims of domestic violence and this will be based at Acorn House. **It is hoped to** <u>commence operations</u> in September 2003. (ukWaC)

　　 b. NAMTEC（＝The National Metals Technology Centre）**is expected to** <u>commence operations</u> in temporary premises in summer 2002, once a chief executive has been appointed.

(ukWaC)

　　 c. Harry K. had taken his honeymoon trip on this boat, so we all felt quite honored at this, as we were only soldiers. We were by no means downhearted when we could hear **the propellers** <u>commence to work.</u> (ukWaC)

4.　おわりに

　本稿では，起動表現 commence NP の統語的・意味的特徴について，commence が持つパタンの異なる起動表現 commence to V, V-ing の統語

的・意味的特徴と比較しながら議論を行ってきた．

　動詞 commence は堅い語であり，commence to V/V-ing/NP の 3 つの表現が類似した文脈で使われるため意味の違いを示すことは難しい．その一方で commence V-ing や commence to V とは異なり，commence NP は「（人・会社・政府機関など）が（手続き・事業・交渉など）を開始すること」を述べる場合に使用されるという特徴をもつことを，本稿では実例とともに示すことを試みた．また，動詞 commence のもつそれぞれのパタンが表す典型的な意味の違いは，補部にくる to V，V-ing，NP のもつ意味的特性の違いが関係していることを示した．実際に，commence NP のとる派生名詞や名詞が「単なる行為の記録」に用いられるという性質が，起動表現 commence NP が使用される文脈や表現のもつ典型的な意味と密接なかかわりをもつことを実証的な研究手法を用いて示した．

参考文献

Bolinger, Dwight (1968) "Entailment and the Meaning of Structures," *Glossa* 2, 119–127.

Butterfield, Jeremy (2015) *Fowler's Dictionary of Modern English Usage*, 4th ed., Oxford University Press, Oxford.

Curme, G. Oliver (1931) *Syntax*, D.C. Heath, Boston.

Dixon, Robert. M. W. (1991) *A New Approach to English Grammar, on Semantic Principles*, Clarendon Press, Oxford.

Duffley, P. Joseph (2006) *The English Gerund-Participle: A Comparison with the Infinitive*, Peter Lang, New York.

Freed, Alice (1979) *Semantics of English Aspectual Complementation*, D. Reidel, Dordrecht.

Hayakawa, S. Ichiyé and Eugene H. Ehrlich (1996) *The Penguin Guide to Synonyms and Related Words*, Penguin, London.

Jespersen, Otto (1940) *A Modern English Grammar on Historical Principles*, Part 5, *Syntax* (4th Volume), Ejnar Munksgaard, Copenhagen.

小西友七 (編) (1980)『英語基本動詞辞典』研究社，東京．

藏薗和也 (2016)「起動動詞 get, fall, set に後続する統語形式 to V, V-ing, to V-ing 及び補文動詞の選択」『The JASEC BULLETIN』第 25 巻第 1 号，1–15.

Kurazono, Kazuya (2018) *A Syntactic and Semantic Study of Inchoative Expres-*

sions in Present-Day English, Doctoral dissertation, Kwansei Gakuin University.

藏薗和也 (2019)「to 不定詞補文及び動名詞補文における選択制限：起動動詞 grow, proceed, commence, resume を例に」『The JASEC BULLETIN』第 28 巻第 1 号, 1-15.

Quirk, Randolph, Sidney Greenbaum, Geoffrey Leech and Jan Svartvik (1985) *A Comprehensive Grammar of the English Language*, Longman, London.

Ross, J. Robert (1973) "Nouniness," *Three Dimensions of Linguistic Research*, ed. by Osamu Fujimura, 137-257, TEC, Tokyo. [Reprinted in *Fuzzy Grammar: A Reader*, ed. by Aarts Bas, David Denison, Evelien Keizer and Gergana Popova, 2004, 351-422, Oxford University Press, Oxford.]

Verspoor, H. Marjolyn (1996) "The Story of -Ing: A Subjective Perspective," *The Construal of Space in Language and Thought*, ed. by Martin Putz and Rene Driven, 417-454, Mouton de Gruyter, Berlin.

Visser, F. Theodoor (1963) *An Historical Syntax of the English Language*, Part 1, *Syntactical Units with One Verb*, E. J. Brill, Leiden.

辞書

BBI3: *The BBI Combinatory Dictionary of English*, 3rd ed. (2010), John Benjamins, Amsterdam.

CALD4: *Cambridge Advanced Learner's Dictionary*, 4th ed. (2013), Cambridge University Press, Cambridge.

COBUILD9: *Collins COBUILD Advanced Learner's Dictionary*, 9th ed. (2018), HarperCollins Publishers, Glasgow.

LAAD2：*Longman Advanced American Dictionary*, 2nd ed. (2007), Pearson Education Limited, Harlow.

LDCE6: *Longman Dictionary of Contemporary English*, 6th ed. (2014), Pearson Education, Harlow.

MWDS: *Merrium-Webster's Dictionary of Synonyms*, (1984), Merriam-Webster, Springfield.

OALD9: *Oxford Advanced Learner's Dictionary*, 9th ed. (2015), Oxford University Press, Oxford.

WDEU: *Webster's Dictionary of English Usage*, (1989), Merriam-Webster, Springfield.

G5:『ジーニアス英和辞典 第 5 版』(2014). 東京：大修館.

PG5:『プログレッシブ英和辞典 第 5 版』(2004). 東京：小学館.

SA5:『サービス・アンカー英和辞典 第 5 版』(2015). 東京：学研プラス.

W3:『ウィズダム英和辞典 第 3 版』(2013). 東京：三省堂.

Youth:『ユースプログレッシブ英和辞典』(2004). 東京：小学館.

コーパス
BNC: The British National Corpus (Sketch Engine で検索).
COCA: The Corpus of Contemporary American English (2019 年 7 月に検索).
ukWaC: The UK Web as Corpus.

第 3 章

心理的距離と抽象度による代名詞の使い分けが及ぼす影響
― 人を表す they who, these who, those who の場合 ―*

井上 亜依

防衛大学校

1. はじめに

　本稿は，(1) に示す「〜する人々」を意味する英語定型表現と考えられる they who 〜 の実態を洗い出す（イタリックは筆者．以下同じ）.

(1) a. All unusual excitement should be avoided as much as possible. Gluttony, inebriety, anger, peevishness, and melancholy, are strong provocatives of the disease, and *they who* indulge in them may do it at the expense of their lives." 　　(Laws (2014))
(すべての異常な興奮させるものはできるだけ避けられるべきである．暴飲暴食，飲酒癖，怒り，不機嫌さ，憂鬱はその病気を引き起こす原因になり，そのような行為に身を委ねる人は自分の生命を代償にする可能性がある.）

b. MAN: The first gun that was fired at Fort Sumter sounded a death knell of slavery. *They who* fired it were the greatest

---

　* 本研究は，JSPS 科研費 JP17K13480 の助成を受けたものです．また本発表は，2019 年 12 月 14 日に開催された関西英語語法文法研究会第 39 回例会（於：関西学院大学上ヶ原キャンパス）での口頭発表に加筆・修正を加えたものです．貴重なコメントをしてくださった八木克正先生（関西学院大学名誉教授）には深謝申し上げます.

practical abolitionists this nation has produced.

(COCA, spoken, 2011)

（M: フォート・サムターに向けて初めて発射された銃は奴隷制度の終焉を伝える弔いの響きがした. それを発砲した人々は, この国が生み出した最も偉大な奴隷制廃止の戦いを実践した人たちでした.）

次節と表1で示す通り, これまでの先行研究では, 人を表す those who ～は認められるが, 同じ意味の they who ～は認められていない. 表2は, 表1で用いられている人称代名詞と指示代名詞の単数と複数の対応関係をまとめたものである.

表 1:「～する人／人々」を意味する英語定型表現

単数	複数
anyone who, the person who, s/he who →	those who/that,[1] *they who

表 2: 指示・人称代名詞の単数と複数の対応関係

代名詞の種類	単数	複数
人称代名詞	s/he, it →	they
指示代名詞	this/that →	these/those

　表1, 2から, (2) に示すように単数の場合は人称代名詞が who に前置することが容認される一方, 複数になると指示代名詞 those のみが who に前置することが容認されることがわかり, 表2の対応関係と一致していない. なぜ, (2) の現象になるかは不明である.

　　(2)　anyone who, the person who, s/he who —//→ *they who
　　　　*that who　　　　　　　　　　　　　　—//→ those who/that
　　　　*this who　　　　　　　　　　　　　　—//→ *these who

---

[1] Inoue (2015) は, those who ～ と同じく those that ～ も「～する人々」を意味することと明らかにしたので, those that ～ を表1に含んでいる.

　そこで本稿は，英語定型表現研究の観点から they who 〜 の実態を明らか
にしながら，（2）の現象を実証的に検証する．

　本稿の構成は次の通りである．1 節は本稿の概要，2 節は先行研究の紹介，
3 節はリサーチ・クエスチョン，4 節は研究手法の紹介，5 節は本稿で使用
するコーパスの紹介，6 節はリサーチ・クエスチョンの回答，7 節は本稿で
得られた結果のインフォーマント調査，8 節は結語である．

2.　先行研究

2.1.　they who 〜

　Quirk et al.（1985: 352）を代表とするこれまでの先行研究は，（3）に示
すように they who 〜 は容認していない（訳は省略）．

> (3)　Those / *They who work hard deserve some reward.　　　　(ibid.)

　しかし，*Oxford English Dictionary,* 2nd edition（以後 *OED*[2]）では they
who 〜 が 344 例[2] 検出された．それらを観察すると，（4）に示す主語の
they who 〜 と（5）に示す be 動詞の補語に位置する they who 〜 に分けら
れる（訳は省略）．使用頻度は，圧倒的に（4）が高い．

> (4)　1751 Chambers Cycl. s.v. *They who* embraced the system of Pla-
> to, among the ancients, were called academici, Academics;
> whereas those who did the same since the restoration of learning,
> have assumed the denomination of Platonists.　　(s.v. academic)
> (5)　1628 Bp. Hall Old Relig. (1686) 73 We are not *they who* think
> to lade the sea with an egg-shell.　　　　(s.v. lade)

OED[2] は，they who 〜 の用例を提示するのみで，本稿が論じる they who 〜
の実態についての説明等はない．それ以外の説明として，総称的な人を指す

---

[2] overmatch の検索により，この数字には they, who と強調構文の It is they who ... の
例も含まれている．もちろん，このような例は研究対象として除外している．

they は，口語体で非人間的で高圧的な権力者 (s.v. 3b) と記述している．

2.2.　those who/that 〜

本稿で扱う they who 〜 は，those who/that 〜 とは無関係ではない．これまでの先行研究によると，those who 〜 は (i) 主語，(ii) there are + those who 〜，(iii) 前置詞の目的語，と 3 つの統語形式を持つ．Inoue (2015) は，those who 〜 以外に人を表す those that 〜 があることを実証的に明らかにした．その those that 〜 は，(i) 主語，(ii) there are + those that 〜，(iii) 前置詞の目的語，(iv) 動詞の目的語，(v) be 動詞の補語，(vi) for those that 〜，(vii) one of those that 〜，(viii) all those that 〜 の統語形式を持つ．

3.　リサーチ・クエスチョン

前節で述べた現状から，本稿は 4 節で述べる研究手法と 5 節で述べるデータにより，(6) のリサーチ・クエスチョンに答える．

(6) a.　they who 〜 の意味・統語形式

　　b.　they who 〜 の成り立ちとその根底に働くもの

　　c.　those who/that 〜 との違い

　　d.　they who 〜 の英語定型表現性

　　e.　these who 〜 の実態

　　f.　those who 〜，they who 〜，these who 〜 の関係

4.　研究手法

本稿は，八木 (1999) 等で言われている意味と統語形式は密接に関連するという「意味的統語論」と Hoey (2005) で言われている lexical priming[3]

---

[3] lexical priming（語彙的プライミング）とは，ある単語もしくは定型表現が持つ相性の良い語(句)，文法，文脈等の無意識の使用を明らかにすることである．人間は，その相性

に依拠し，(6) を明らかにする．(6d) については，井上 (2018: 257f.) が述べている判断基準を用いる．その判断基準を (7), (8) に示す．(7) はある語結合が英語定型表現になるための過程で，(8) は英語定型表現になるための条件である．

(7) 英語定型表現化への過程

① 既存の語(句)と語(句)が，タイプ (a) 語形成方法，タイプ (b) 言語一般的形態論的形成方法，タイプ (c) 意味論的形成方法のどれかにより 1 つの塊となり，繰り返し使用される

↓

② 繰り返し使用されることにより独自の意味と機能を発展させる

↓ ← 句の語彙化

③ 定型表現化

(8) a. frequency（頻度）

b. dispersion（分散）

c. fixedness (i.e. no variables)（固定性）

d. consistency of existing words（既存の語使用の一貫性）

5. 使用したデータ

本稿は，研究の公平性を保つために第 3 者が利用できる次のコーパス，The Corpus of Contemporary American English (COCA), British National Corpus (BNC), WordBanks*Online* (WB), The Corpus of Historical American English (COHA) を使用した．各コーパスのアクセス日時は，2019 年 8 月 7 日，10 日，11 日，12 日，15 日である．6 節で提示する用例は，その使用域を表記している (WR = written, MAG = Magazine, FIC = fiction, ACAD = academic)．

の良いものを無意識に使用しており，その無意識の使用を意識的に理解することが必要である．これが英語らしさ獲得につながる．

6.　they who ～ と周辺的事象の実態

6.1.　[they] [who ～] と [they who ～]

　前節で紹介したコーパスを使用して they who ～ を調べた結果,[4] they who ～ は (9) に示す they が前方照応として機能する場合と (10) に示す人称代名詞 they の機能が薄れて [those who/that ～] と同じ振る舞いをする場合に分けられる. (10) が, 本稿の研究対象となる.

(9) a.　…, "readers who prefer realism are supposed to take delight in the elucidation of character. *They who* hold by sensation are charmed by … plot."　(COCA, 2016, ACAD)

　(…,「リアリズムを好む読者たちは, 登場人物の説明を好むと考えられる. 感動に固執する読者たちは, 構想に惹きつけられる.」)

b.　"To say now that America was right and England was wrong is exceedingly easy … men seldom eulogize the wisdom of their fathers, but to excuse some folly or wickedness of their own … but *they who* did so were accounted in their day, plotters of mischief, agitators and rebels, dangerous men."

　(COCA, 2001, ACAD)

　(「今, アメリカが正しくでイギリスは間違っているという言うことは, 極めて簡単である … 男性たちは, 彼らの父親たちの知恵を褒め称えることをほとんどしないが, 彼ら自身の愚行や邪悪さの言い訳をする … しかし, そのようなことをする人たちは, 若い頃, 悪巧みをする人, 扇動者, 反逆者, 危険な人たちとみなされた.」)

　(9) の they who ～ の they は, それぞれ何を指しているのか明確で, 前方照応として機能している. (9a) は readers, (9b) は men seldom eulogize the wisdom of their fathers, but to excuse some folly or wickedness

---

[4] COCA（272 例）, BNC（161 例）, WB（57 例）合計 470 例のうち, 強調構文 It is they who ～ が圧倒的に多かったが, これは本稿の研究対象外である.

of their own であり，who 以下でそれぞれの they の説明を追加している．このような特徴から，(9) の人を表す they who ～ は既出の人々についての新たな説明を加え，[they] [who ～] という構造である．これより，(9) の they who ～ は本稿の研究対象外である．

(10) a.　Both of these responses do not acknowledge the significance of the oft-quoted statement, "*They who* do not remember the past are likely to repeat it."　　(COCA, 2005, NEWS)
（これら両方の回答は，よく引用される次の言葉の重要性を認めていない．「過去を覚えていない人々は，それを繰り返しそうである．」）

b.　Mary: It is your medicine, my Lord.
BYRON: S'truth, I love *they who* love my health, but it is hard to take.　　(COCA, 2002, FIC)
（M: お薬です，陛下．

B: やれやれ．私は私の健康を愛してくれる人々を愛するけれど，（薬を飲むのは）大変である．）

c.　Stalin commissioned this film, about a medieval battle in which a German army invading Russia was destroyed, partly as a warning to Hitler. "*They who* march against Russia shall die," the chorus sings, promising "high honor" to Russian soldiers who survive and "immortal fame" to those who die.

(COCA, 1993, NEWS)

（スターリンは，ロシアを侵略したドイツ軍が壊滅させられた中世の戦いについてのこの映画の作成を，ヒトラーへの警告の意味を込めて依頼した．生き抜いたロシア兵に対しては「大きな名誉」，亡くなった人々には「永遠の名声」を約束しながら，「ロシアに向かって進撃する人々は殺される．」とコーラスは歌う．）

人を表す (10) の they who ～ は，those who ～ と異なり，主語として用いられることが多い．この理由は，they が主格の人称代名詞のためと考える．those who ～ は 2.2 節で示したように 3 つの統語形式を持つ一方で，

they who 〜 は主に（10a）のように主語として用いられ，（10b）に示す動詞の目的語となる例も観察されるが，まれである．

また，（10）の they who 〜 の they は，they を指し示す語句が観察されない，つまり前方照応として働くものではなく総称的である，という点で（9）の [they] [who 〜] の they と用法が異なる．これを支持する例として，（10c）のように，they who 〜 の近くに those who 〜 が観察されることがある．通例，those who die より they who march against Russia の数が多く，総称的であることが容易に想像できる．

（10）の総称的 [they who 〜] の構造は，本来 [they] [who 〜] であったものが，概念の範疇化[5]と人を表す those who 〜 の影響により，総称用法の they となり [they who 〜] となったと考える．（10）の they who 〜 の成り立ちを示したものが（11）である．

(11)　It is [they] [who 〜] の強調構文，前方照応の [they] [who 〜]

　　　↓ It is の省略，概念の範疇化，those who 〜 の影響

[they who 〜]（=（10）の例）

総称的 they who 〜 は，4節の（7），（8）で提示した英語定型表現になるための過程と条件を満たしているのだろうか．they who 〜 は，（7）の既存の語と語が，タイプ（c）意味論的形成方法により1つの塊になり，繰り返し使用されることにより they who 〜 になったと考えられる．また，（8）の条件である頻度はそれほど高くはないが，それ以外の条件は満たしている．このことから，they who 〜 は英語定型表現として確立していると言える．この根底に働くのは，言語経済の法則[6]の労力節減によると考える．

---

[5] 概念の範疇化とは，語の連鎖 [a] [b] [c] … […] が概念のまとまり [a b c …] と解釈され，そのような概念のまとまりに名詞，副詞，形容詞といった新たな範疇を与えることである（八木（1999:105ff.））．

[6] 言語経済の法則とは，効果的な意思伝達のためには，労力節減（least effort）と冗漫（redundancy）という一見矛盾する原理がバランスをつかさどりながら言語の変化をつかさどっている．前者に当てはまる現象として，井上（2018）で扱った pirated version から pirate version などの -ed 形から φ 形への移行，構文が画一化した it looks that-clause，人を表す those that，仮定法 was への統一である as it was が当てはまる．後者は，似たよう

次に，those who ～ と（10）の［they who ～］の違いを見ていく．聖書（ローマ人への手紙第 1 章 32 節）に，those who ～ と they who ～ が使用されている例がある．（12）を参照されたい．

(12)　Listen, I say, and be shrewd enough to understand that all of you alike "are deserving of death, that is, not only those who do such things, but also *they who* approve those who practice them" (Romans 1:32). 　　　　　　　　　　　　　　　　(COCA, 2004, ACAD)
（聞いてください．彼らは，こうした事を行う者どもが死に価するという神の定めをよく知りながら，自らそれを行うばかりではなく，それを行う者どもを是認さえしている．）

（12）の those who ～ と they who ～ は，聖書という堅苦しい文章で「～する人々」と同じ意味で用いられている．しかし後続要素を観察すると，those who ～ は do such things, practice them と行為が特定である一方，they who ～ は approve と，those who ～ と比較して who 以下の行為が誰もが行うという点で広範囲である．つまり，they who ～ の方が those who ～ より they の総称人称の働きにより広範囲の人を指すという総称性が増すと考える．また，総称的 they who ～ は聖書という堅苦しい文章で観察されることが多い．以下の例を参照されたい．

(13)　a.　He crouches, he lies down like a lion, and like a lioness, who will rouse him? *They who* bless you will be blessed, and *they who* curse you will be cursed. 　　　　　　　　　(Numbers 24: 9)
（彼らは雄じしのように身をかがめ，雌じしのように伏している．だれが彼らを起しえよう．あなたを祝福する者は祝福され，あなたをのろう者はのろわれるであろう．）　　　　　　　　　(民数記 24: 9)）

な意味を持つ語を重ねて使用した英語定型表現 until to, the way how が該当する（詳細は井上（2018）を参照されたい）．

   b. Those who forsake instruction will praise the wicked, but *they*
     who guard instruction will struggle against them.

(Proverbs 28: 4)

（律法を捨てる者は悪しき者をほめる，律法を守る者はこれに敵対する.
（箴言 28: 4））

(13b) で用いられている those who ～ の後続要素は，they who ～ の後続
要素が示す人々より限定的なキリスト教信者であると推測できる.

6.2.　周辺的事象

　先行研究では，[they who ～] と同じく総称的 [these who ～] もこれまで
容認されなかった. コーパスを使用して these who ～ を調べた結果,[7] [these
who ～] の構造を持つ例が観察された. それを（14）に示す.

  (14) a. Those who are injured, suffering, homeless, fearful, hungry or
        grieving the deaths of loved ones are the very people that Je-
        sus would have us love. *These who* have suffered through war
        are in special need of God's peace and justice, of reconcilia-
        tion and restoration.   (COCA, 2010, MAG)

        （怪我をしている人たち，苦しんでいる人たち，ホームレスの人たち，
        怯えている人たち，飢餓の人たち，もしくは愛する人の死を悲しんでい
        る人たちは，まさにイエスが私たちに愛させようとしている人々である.
        戦争を通して苦しんでいる人々は，神の平和と正義，調和と回復を特別
        に必要としている.）

---

[7] COCA では 41 例，BNC では 8 例，WB では 12 例観察された. この用例の多くが，
[these] [who ～] と these が前方照応として働き，既出の人たちの説明を who 以下でして
いる.

  b. We will always remember the sacrifice of *these who* died on the sea and in the air, on the beaches of Normandy and in the field of battle.   (WB, 2004, WR)

   （私たちは常に海や空，ノルマンディーの海岸，戦場で無くなった人々の犠牲を覚えているだろう．）

 （14a）より，総称的 [they who 〜] と同じく these who 〜 も「〜する人々」という意味で，主語に用いられることが多い．また，these who 〜 の近くに those who 〜 が観察される．（14b）の these who は前置詞の目的語として使用され，総称的 [they who 〜] には観察されなかった例である．なぜ these who 〜 が前置詞の目的語になるのかという理由は，these が one of these days のように these の指示形容詞としての働きにより of の項となっていることが of these who 〜 の形成に影響を与えたと考える．（14b）以外に，I'm not one of these who 〜. のような例も観察される．

 these who 〜 の成り立ちは，those who 〜 の影響により指示代名詞 these が those の位置に来たと考える．また，these who 〜 が主語の位置に来る理由も those who 〜 が主語に用いられることによると考える．

 総称的 [they who 〜] と同様に，these who 〜 も（7）の既存の語と語が，タイプ（c）意味論的形成方法により 1 つの塊になり，繰り返し使用されることにより these who 〜 になったと考えられる．また，（8）の条件である頻度はそれほど高くはないが，それ以外の条件は満たしている．このことから，these who 〜 は英語定型表現として確立していると言える．この根底に働く原理も労力節減と考える．

6.3.　those who 〜，they who 〜，these who 〜 の関係

 本節は，前節で明らかにした人を表す英語定型表現として存在する those who 〜，they who 〜，these who 〜 の関係を，各表現に使用される代名詞の用法から述べる．

 3 表現で使用されている代名詞の用法を理解するために，それらに後続する要素の一覧を表 3 に示す．

表3：人を表す those who ～，they who ～，these who ～ の後続要素

英語定型表現	後続要素
these who ～	have suffered through war / died on the sea and in the air, on the beaches of Normandy and in the field of battle
those who ～	do such things / practice them / are injured, suffering, home-less, fearful, hungry or grieving the deaths of loved ones / did complete the questionnaire
they who ～	remember the past / love my health / march against Russia / approve

　表3の後続要素を観察すると，these who ～ → those who ～ → they who ～ の順番で後続要素の抽象度が高まっている．この抽象度の度合いが，使用される代名詞の総称性に反映している．this の複数形である these は，話者から近い特定のものを指す．that の複数形 those は，話者から遠いところにある特定のものを指す．it，s / he の複数形 they は，総称的な用法により漠然としたものを指す．この話者からの心理的距離の遠近が，代名詞の選択と各英語定型表現に後続する内容に影響を与えたと考える．上記で述べたことを (15) に示す．

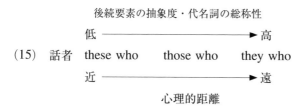

　(15) を支持するものとして，(12)，(13) 以外に有名な宗教的格言 Heaven / God helps those who help themselves.（天／神は自ら助くるものを助く．）がある．人間は，神から心理的・物理的に遠いところに存在しているが，who 以下の内容（＝help themselves）の抽象度はそれほど高くない．このため，天上にいる神の手の届く範囲の特定の行為をする人々を示す those who ～ を使用すると考える．these who ～，they who ～ が使用されない理

由は，限定的及び漠然とした行為を行う身近な人々，万人，遠く離れた人々
を指し示していないからである．

　上記のことから，these who ～ は話者が身近に感じている人々についての具体的情報を示し，those who ～ は話者が中立的な立場から人々についての情報を示し，they who ～ は話者が遠く離れた人々についての情報を示す，と考えられる．

6.4.　リサーチ・クエスチョンの回答

　(2) の現象，(6) のリサーチ・クエスチョンの答え及び本節で明確にしたことを (16) に示す．

(16) a.　they who ～ の意味・統語形式

　　　→「～する人々」の意味，主語として用いられることが多い

　　b.　they who ～ の成り立ちとその根底に働くもの

　　　→ 概念の範疇化，those who ～ の影響，労力節減

　　c.　those who / that ～ との違い

　　　→ they who ～ の方が総称性が増す，統語形式が限定的

　　d.　they who ～ の英語定型表現性

　　　→ 英語定型表現として確立している

　　e.　these who ～ の実態

　　　→「～する人々」として使用されるが，まれで近くに those who ～ が観察される

　　f.　those who ～，they who ～，these who ～ の関係

　　　→ 話者と who 以下の行為を行う人々との心理的距離と各英語定型表現の後続要素の抽象度により異なる

6.5.　歴史的側面からの調査

　(4)，(5) に示した OED^2 の記述より，総称的 they who ～ は欽定訳聖書の 1611 年以降から観察されたことがわかる．しかし those who ～ と比較すると，その頻度は低い．COHA で，1810 年代から 2000 年代の総称的

they who 〜 の例を観察すると，現代に近づくにつれて数が減少している一方で，It is they who 〜 の構文が増えている．

では，なぜ総称的 they who 〜 は以前は観察されたが，現在に近づくにつれて減少しているのだろうか．前方照応として機能する thcy を持つ [they] [who 〜] と総称的な they を持つ they who 〜 は，深層構造は異なるが形態的に同じ，統語的に主語の位置に来る，意味的に人を表す，と両者を区別することが難しい．そこで，(i) they の本質的な機能である前方照応を保持した [they] [who 〜] が総称的 they who 〜 より優先される，(ii) 総称的 they who 〜 は，既存の人を表す those who 〜 で表現する，という 2 つの理由により減少傾向にあると考える．

These who 〜 は，これまで出てきた人々を who 以下で説明するという [these] [who 〜] の構造を持つ例が多い．(14) にあげた総称的な these who 〜 は，歴史的に使用数が少ないため，いつ頃から増え始めたのかは断言できない．

7.　インフォーマント調査

(10), (12), (14) で使用されている those who 〜, they who 〜, these who 〜 を空欄にし，その空欄にどの英語定型表現を入れるか英語母語話者（アメリカ人 4 名，イギリス人 1 名，カナダ人 1 名，ニュージーランド人 1 名）に質問した．その結果を表 4 に示す．表 4 の色付きコラムが，本来の答えである．

表4：インフォーマントの反応

	they who	those who	these who	合計
(10a)	3	4	0	7
(10b)	2	5	0	7
(10c)	3	4	0	7
(10c)	1	6	0	7
(12)	3	4	0	7
(12)	4	3	0	7
(14a)	1	6	0	7
(14a)	1	5	1	7
(14b)	1	5	1	7
(14b)	1	6	0	7
(14c)	0	7	0	7

　表4のインフォーマントの反応から，以下のことがわかる．(i) they who 〜 は容認されるが，these who 〜 はそうではない．(ii)（i）の影響により，they who 〜，those who 〜，these who 〜 の選択に迷った時は，馴染みのある those who 〜 を選択する傾向にある．このことより，英語母語話者は，6.3 節の（15）と 6.4 節の（16）をおぼろげながらに理解をし，3 表現を使い分けしていることがわかった．今後，they who 〜 と these who 〜 の存在が明確になれば，（15）と（16）の結果に近づくと考える．

8.　結語

　本稿は，人を表す英語定型表現に those who / that 〜 以外に they who 〜，these who 〜 があることを述べ，各特徴を通時的・共時的観点から述べた．各々の英語定型表現に使用される代名詞の選択は，各英語定型表現の後続要素の抽象度の高まりと，その行為をする人々の話者からの心理的距離により決定されること述べた．今後もこのような規則や規範を超えた英語定型表現

の実態解明に努める.

参考文献

Hoey, Michael (2005) *Lexical Priming: A New Theory of Words and Language*, Routledge, London.

Inoue, Ai (2015) "A Diachronic and Synchronic Study of the Alteration of Uniform Expressions from *Those Who* to *Those That*," *International Journal of English Language and Linguistic Research* 3(3), 28-50.

井上亜依 (2018)『英語定型表現研究の体系化を目指して──形態論・意味論・音響音声学の視点から』研究社, 東京.

Laws, J. Carolyn (2014) "Buried Alive? Fear of Failure in Antebellum America," *Journal of American Culture* 37(3), 299-313.

Oxford English Dictionary on Historical Principle, *2nd edition on CD-ROM.* (Version 2.0) 2000, Oxford University Press, Oxford.

Quirk, Randolph, Sydney Greenbaum, Geoffrey Leech and Jan Svartvik (1985) *A Comprehensive Grammar of the English Language*, Longman, London.

八木克正 (1999)『英語の文法と語法──意味からのアプローチ』研究社出版, 東京.

第 4 章

to 不定詞と動名詞
—like / love to 不定詞構文と like / love 動名詞構文を中心に —

友繁 義典
兵庫県立大学

1. はじめに

本稿では，like / love to 不定詞構文と like / love 動名詞構文を中心とした観察を通して，to 不定詞と動名詞について考察することにする．

2. to- 不定詞の to

to 不定詞補部において，Bolinger (1977: 13) は，"hypothetical" な内容，Dixon (1984: 590) は，"yet unrealized activities"，Quirk et al. (1985: 1191) は "potentiality"，Declerck (1991: 503) は，"a potential future situation"，Langacker (1991: 445) は，"future events" さらに，Duffley (2000: 224) は，"subsequent potentiality" と "subsequent actualization" が表されるとそれぞれ述べている．つまり，to 不定詞補部では，仮定的な事柄，まだ実現されていない行為，可能性，あるいは結果として起こる実現化などが述べられると主張されている．これは，to 不定詞の to が，前置詞の to に由来するため，前置詞の to と同様に towards あるいは in the direction of を意味することによると考えられる (Curme (1931: 456)，Huddleston and Pullum (2002: 1241)，Smith and Escobedo (2002: 552-553))．このことから，to 不定詞の to も空間的な「方向性」の意味が時間の概念に拡張され，「未来性」の意味を表すことが説明できる．

49

　また，Smith and Escobedo (2001: 552) は，to 不定詞の to に関して，それは，source-path-goal のイメージスキーマを喚起すると述べている．このイメージスキーマは，ある entity がスタート地点に相当する起点（source）から経路（path）を通って目的地（目標）（goal）に向けて移動するというものである．Smith and Escobedo は，このイメージスキーマに基づいて，to は，様々な領域で未来性（futurity），目的（purpose），意図（intention）あるいはこれらが混合した意味を喚起すると主張している．

　また，Wierzbicka (1988: 29) は，to 不定詞補部は，「欲求（wanting）」の概念を含意すると述べているが，この概念は「未来性」の概念につながる．何がしかの欲求が生じそれを未来時において実現させようとする意味を共通に持っている動詞には aim, expect, hope, intend, want, wish などがあるが，これらの動詞が to 不定詞と相性が良いのもうなずける．確かに，to 不定詞補部は，「仮定的な内容」「非実現」「可能性」などを表すが，結局のところ，それは，「to 以下の内容の実現へ向けての移動」を表すと集約できるように思われる．また，to は，例えば，He managed to open the window. や She got to talk to him for a half an hour. (Duffley (2000: 224)) に見られるように，目標に向けての移動だけでなく，目標への到達も表す．[1] よって，to 不定詞の to は，前置詞の to と同様に，基本的に「方向」と「到達」を表すとしてよいであろう．[2]

---

[1] to 不定詞が「判断」を表す構文において観察されることもある．Riddle (1975) が述べているように，判断を表す構文においては，to 不定詞は話し手の「主観的判断」を表すのに用いられる．話し手は，to 不定詞補部の内容に関して，それが真であると判断はしているがその確証がないことを示す手段として，例えば，I believe him to be honest. のような表現を選択する．もちろん，to 不定詞補部の内容が完全に真であれば，単に He is honest. と表現されることは言うまでもない．

[2] I'm glad to see you. タイプの反射的 (responsive) な用法も存在するが，この用法に関しても，to が「到達」を表すとする考えが適用できるものと思われる．

3. 動名詞に関して

Leech (1971: 107) は，次のような例をあげている．

(1) a. It's nice to be young. (IDEA)

   b. It's nice being young. (FACT)

(1a) では，theoretical な内容が to 補部で表現されており，その一方，(1b) は factual sentence であり，動名詞補部は事実を表しているという．また，Kiparsky and Kiparsky (1971: 164) も，次の動名詞補部を伴う (2b) は話し手が事実であると判断していることを示す文であるが，それに対して，(2a) は to 不定詞補部の内容が真であるか否かどちらとも述べていない中立的な (neutral) 態度の表明を表す文であると説明している．

(2) a. They reported the enemy to have suffered a decisive defeat.

   b. They reported the enemy's having suffered a decisive defeat.

このように，動名詞補部が，事実 (fact) を表す解釈が成り立つことは確かである．しかしながら，imagine や fancy のような想像動詞だけでなく avoid, postpone あるいは stop のような回避，延期，中止を意味する動詞にも動名詞補部が後続する．このような場合，動名詞補部の内容は，事実ではなく，何がしかのイメージあるいはアイデアを表すので，常に動名詞補部が事実に言及するわけではない．Quirk et al. (1985: 1191) は，動名詞補部は performance を示すとして，She enjoyed learning French. をその例にあげているが，この performance という用語は，「実現化」と同じ意味であるとしてよい．Wierzbicka (1988) は，基本的に，動名詞が用いられる環境において，主動詞が表す事象と動名詞補部が表す事象は同時に起こると見ている．例えば，主動詞 enjoy や avoid とそれらに後続する動名詞補部との時間関係がそうである．Langacker (1991: 445) も，動名詞構文においては，主節の表す事象と補部の表す事象が時間的に重なる (temporal overlap) としている．また，Verspoor (1996: 439) は，"The -ing symbolizes a directly and immediately perceived event or a conceived imperfective cognitive event in mental space. In other words, it is not the possible futurity of the event, but the simultaneity of the mental event that is grammaticalized." と動名詞に関して説明している．さらに，Smith and Escobedo (2001: 559) は，動名詞補部を，a marker of conceptual overlap と位置付けている．このように，以上の諸学者は，共通して動名詞構文において主動詞とそれに後続する動名詞補部が時間的に重なることを主張している．Smith and Escobedo (2002: 561) は，We love / like walking / to walk to the lake. の例をあげて，to 不定詞補部は，「意志」「欲求」の意味を喚起する一方で，動名詞補部は，「事実」を述べるのにふさわしいので，動名詞補部は，「現実に湖にまで歩いている行為」を表し，一方 to 不定詞補部は，「（これから）湖にまで歩くという考え（idea）」を伝えると説明している．

　ところで，Duffley (2006: 36-37) は，主動詞に直接後続する動名詞補部について，それは直接目的語の機能を持つと主張している．彼は，次の (3a) を例にあげ，playing tennis on the new court は enjoy の直接目的語であると述べており，その根拠として，(3b) では (3a) の受動化が，また，(3c) では擬似分裂文が可能であるからと説明している．さらに，(3d) に見られる playing tennis on the new court を代名詞の it で代用できることからも，確かにその名詞性がうかがえる．

(3) a. Everyone enjoyed playing tennis on the new court.

　　b. Playing tennis on the new court was enjoyed by everyone.

　　c. What everyone enjoyed was playing tennis on the new court.

　　d. Yes, everyone enjoyed it.

いずれにせよ，動名詞は，to 不定詞に比べて名詞性が高いということは，次の小西 (1980: 872) があげている例文からも確認することができる．

(4) a. She once liked watching television and physical exercise both.

　　b. *She once liked to watch television and physical exercise both.

　(4a) では動名詞補部 watching television とそれに続く名詞句 physical exercise が等位接続されている．このことから，watching television と

physical exercise が機能的に等価であることがうかがえる．この例からも動名詞と to 不定詞を比べると，動名詞の方が名詞性が高いことが確認できる．

4. like to 不定詞構文と like 動名詞構文を中心に

Palmer (1988: 172) において，I like swimming. と I like to swim. の例が見られるが，両者にははっきりとした意味的な違いはないとされている．また，Close (1975: 83) は，I wouldn't like lying in a tiny spaceship for four or five days. の例をあげ，lying の代わりに to lie を用いても意味的に変わりがないとしている．デ・シェン (1997: 167) も，I like to sleep late on Sundays. と I like sleeping late on Sundays. を例にあげ，両者に意味の差はないように思えると述べている．ただし，デ・シェン (1997: 168) は，次の (5a) と (5b) をあげ，例えば，What should we do this weekend? のような疑問文の後では，(5a) は自然だが，(5b) は答えとしてかなりおかしいと述べている．

(5) a. I'd like to sleep late on Sunday.
b.??I'd like sleeping late on Sunday.

また，What did you like about the weekend? のような疑問文に対しては，(6a) は非文法的であり，(6b) のみが可能な答えになるという．

(6) a. *I liked to sleep late on Sunday.
b. I liked sleeping late on Sunday.

以上のように，何がしかの疑問文が先行する場合は，like to 不定詞構文と like 動名詞構文とでは違いが認められる．これらの例に関しては，よく言われるように，to 不定詞補部が「未来性」を表し，動名詞補部が「現実性」を表すとする説明が成立するであろう．

Bladon (1968) は，like に関して 2 つの意味を認めている．彼 (1968: 211) は，like が to 不定詞補部を従える場合，それは want や desire と意味的に等価であり，like が動名詞補部を従える場合，それは enjoy と意味的

に等価であると述べ，次の例をあげている.[3]

(7) a. Do you like to fly home? (DESIRE)
   b. Do you like flying home? (ENJOYMENT)

また，Bladon (1968: 212) は，次の (8a) と (8b) を例にあげ，(8a) に見られるように，文末に強勢が置かれた場合は，欲求が満たされたこと (desire-fulfilled) を表し，その一方，(8b) に見られるように動詞に強勢が置かれた場合，楽しみが実現化 (enjoyment-actual) されたことを表すと説明している．このように，Bladon (1968: 213) は，to 不定詞補部が 2 つの違った意味を表し，音調でその違いが具現化されると説明している.

(8) a. She liked to have breakfast in/bed. (desire-fulfilled)
   b. She/liked to have breakfast in bed. (enjoyment-actual)

また，enjoyment-actual を示す She/liked to have breakfast in bed. と同じく enjoyment-actual を示す She liked having breakfast in bed. に関しては，前者は文主語 she が時折ベッドでの朝食を楽しんだことを表し，後者は，文主語 she がその行為を頻繁に楽しんだことを表しているという．要するに，Bladon (1968: 213) は，like to 不定詞構文では，補部の内容が時折 (occasional) 生起し，like 動名詞構文では，補部の内容が頻繁 (frequent) に生起することを表すと主張していることになる.

Huddleston and Pullum (2002: 1241) にも，like が to 不定詞補部を従える場合と動名詞補部を従える場合の説明が見られる．彼らは，次の (9a) と (9b) の例をあげ，例えば，週末にハイキングに誘われれた話し手がそれを断りたいと思っている場合には (9a) が適切であり，その一方，現実に現在週末に家にいることを楽しんでいる場合は，(9b) が適切であると述べている.

---

[3] Bladon (1968: 210) では，Would you like flying home?, Huddleston and Pullum (2002: 1242) では，I'd like being a politician. のように would like V-ing の形式の存在も示されている.

(9) a.　I like to stay home at weekends.

　　 b.　I like staying home at weekends.

ここでも，to 不定詞補部が「未来性」に言及し，動名詞補部が「現実性」に言及するのにふさわしいと言うことができよう．また，Huddleston and Pulllum (2002: 1241) は，to-不定詞は，動名詞に比べ変化 (change) をより連想させるが，その一方で，動名詞は，現実性 (actuality) を連想させると述べている．彼らは，例えば，最近 40 歳になった人や最近結婚した人は，I like being forty. あるいは I like being married. のように表現するであろうと述べている．また，このような例では，like は意味的に enjoy に近いという．

　ところで，Egan (2008: 162) は，次の (10a-d) の例をあげ，主動詞 like と動名詞補部が時間的に同時的 (co-temporal) であり，また，(10a) と (10b) に関しては，動名詞補部が表す活動・状態がまさに進行中であることを示していると述べている．また，彼は，(10a, b, c) では，純粋で素朴な「喜び」あるいは「楽しみ」の感情が表明されていると説明している．

(10) a.　I really *like doing* things together.

　　 b.　I'm with you, for a start, and I happen to *like being* with you.

　　 c.　A letter from your Aunt Emily told us how much she *likes having* you and how accomplished you are becoming.

　　 d.　'I don't like taking your money, Ruth,' he protested.

(10d) に関しては，動名詞補部の代わりに to take your money はふさわしくないように思われる．なぜなら，(10d) は，文主語がまさにお金を差し出されている場面の発話であると考えられ，その場面において文主語 I がお金を受け取ることを嫌だと思っていることの表明には主動詞と補部が同時的であることを示す動名詞構文がふさわしいからである．また，Egan (2008: 164) は，次のような like to 不定詞構文の例をあげている．

(11) a. Like many golfers, and professional golfers are particularly prone to this.　I *liked to* alter my clubs occasionally―to change the lie of a wedge by a degree or so, or thicken the grip of a putter, or change the swing weight of a driver.

　　 b. I *like to* buy British, but the candle colours became uneven, delivery was unreliable and they were expensive.

Egan は，この種の like to 不定詞構文に関して，to 不定詞補部が表す事態は適切な機会が出てくればその都度（at every suitable opportunity）それが実現化されることを表すと説明している．彼は，この種の like to 不定詞構文は，基本的に，2 つあるいはそれ以上の選択すべき状況がありその中から 1 つを選び，それを実現することによって何がしかの満足を得ようとすることを表すと述べている．つまり，to 不定詞補部は，targeted alternative（目標として設定された選択）を表すとしている．このように，Egan（2008: 164）は，この種の like to 不定詞構文は，2 つ以上の選択肢からの「選択」を表すのに用いられると考えている．

　ところで，Duffley（2004: 372-373）は，Egan（2008）よりもさらに細かく like to 構文について分析しており，to 不定詞補部において「欲求」「習慣」「性向」「傾向」「選択」などが表されるとして，次の各例をあげている．

(12) a. First of all, no unit likes to have a new CO brought in from outside, especially when he's an armchair trooper.

　　 b. During late childhood boys like to tease, jostle, and talk smart to girls.

　　 c. Find out what you like to do most and really give it a whirl.

　　 d. A man has 32 souls, one for each part of the body.　Those souls like to wander off, and must be called back.

　　 e. Though Americans usually lived in groups segregated by national origin or religious belief, they liked to work and shop in the noise and vitality of downtown.　Only a radical change in the nature of the population in the central city would be likely to destroy this preference …

Duffley によると，（12a）では，「欲求」，（12b）では，「習慣」，（12c）では，「性向」，（12d）では，「傾向」，そして，（12e）では「選択」が述べられているという．しかし，各例文の内容をよく見ると，それぞれの to 不定詞補部が表す意味を rigidly に確定できないように思われる．例えば，（12a）では「欲求」に加えて「傾向」が表されていると解することも不可能ではない．また，（12b）に関して，Duffley は，like to tease を be in the habit of teasing の意味として捉えているが，この like に対しても，「欲求」や「傾向」の意味を当てることも不可能ではないであろう．それ以外の例文についても同様のことが言えるように思われる．つまり，like は，多義的（polysemous）な意味を持っているとしてよい．Duffley (2004: 376) 自身も，当然ながら，like の多義性に気づいており，各上例に対して最もふさわしいと思われる解釈を示しているものと思われる．結局，to は本質的に「方向性」の意味を持つため，文の内容や文脈次第で，この概念から「欲求」「性向」「選択」「習慣」などの意味が割り出されることになる．また，Duffley (2004: 375) は，like と love に動名詞補部が続く場合は，いずれも，「楽しみ（enjoyment）」を表すと述べているが，これは，Bladon (1968) と同じ見解であり，Egan (2008) が，like や love の後に動名詞補部が続くと「喜び（pleasure）」を表すとする見解も Duffley や Bladon の見方と本質的に同じである．

Thomson and Martinet (1980: 236) も，I like going to the dentist. を例にあげ，他の学者と同様，この文は I enjoy my visit. を含意すると説明している．しかし，I like to go to the dentist twice a year. のような例に関しては，like は，'think wise or right' を意味するとしており，like to には「～することが好ましいと思う」という解釈も可能ということになろう．

上で「習慣」や「選択」を表す like to 不定詞構文に少し触れたが，以下で，もう少し詳しく同タイプの like to 不定詞構文について見ることにする．

Declerck (1991: 509) は，"The infinitive is used if there is an idea of habitual actualization, i.e. when the speaker expresses that the referent of the S regularly chooses (not) to do something (often in a context specify-

ing the reason for this choice)." と述べ,「習慣」を表す例として, 次の
(13a) と (13b) をあげている.

(13) a. I like to sleep late on Sundays.
　　 b. I like to use a word processor. It makes writing much easier.

また, De Smet and Cuyckens (2005: 10) も, 次の例文をあげて, love /
like to 不定詞構文は「習慣」を表すと説明している.

(14) a. The window overlooks a river, and on winter evenings I *love*
　　　　 to lie listening to the sound of running water, and watching
　　　　 the flickering shadows of the flames from the fire.
　　 b. All drivers had bad habits: Schumacher *likes* to fiddle with the
　　　　 electric wing-mirror adjustment knob while notching the tail
　　　　 of the car round the steep Brooklands bend at over 80 mph,
　　　　 sideways.

ただし, これらの例文に関しても, 内容をよく吟味すると, それらに対して
単に「習慣」だけではなく「楽しみ」の意味も含む解釈が可能であろう.
　like to 不定詞構文が「習慣」を表すという説明は, 他には, Ungerer and
Schmid (1996: 269) おいても見られる.

(15) a. I like to spend Sunday mornings in bed.
　　 b. I like spending Sunday morning in bed.

彼らによると, (15a) は,「習慣」を表し, (15b) は,「一般的陳述 (general
statement)」を表すという. しかし, すでに上で見たように, これらのタイ
プの文を単独の形のままで解釈すれば,「習慣」あるいは「一般的な陳述」の
いずれにでも解釈できることになることが予測できる.
　Swan (2016: 514) は, 次の (16a) と (16b) を例にあげ, to 不定詞補部
と動名詞補部のいずれを用いても「楽しみ」の意味を表すとしている.

(16) a.　I really **like walking／to walk** in the woods.

　　 b.　Children always **like listening／to listen** to stories.

しかし，Swan (2016: 514) は，like to 不定詞構文が，「選択」や「習慣」を表す場合があることも述べ，次の (17a) と (17b) を例にあげている．Swan は，(17a) のような例では，like は 意味的に choose に等しいとしている．ただし，Swan は，「選択」を表す like に to 不定詞補部が続く場合の方が動名詞補部が続く場合よりも自然であると述べている．

(17) a.　I **like to do** the shopping early on Saturday morning.

　　 b.　When I'm pouring tea I **like to put** the milk in first.

ところで，久野・高見 (2016: 71) は，次の各 to 不定詞構文と動名詞補文の間には意味的な違いは全くないと述べている．

(18) a.　I **like／love** {**to watch／watching**} documentary movies.

　　 b.　I **hate** {**to go／going**} to church.

　　 c.　I prefer {**to live／living**} in the city.

さらに，久野・高見 (2016: 243) は，(15a) と (15b) の類例，John **likes to spend** Sunday morning in bed. と John **likes spending** Sunday morning in bed. を例にあげ，彼らのコンサルタントたちに両者の違いを尋ねたが，両者に全く意味の違いは認められないとの回答を得たと述べている．しかし，もし彼らが両者の違いを場面や文脈抜きでコンサルタントたちに尋ねていたとすれば，両者には違いが感じられないという回答は驚くにはあたらない．筆者も，文脈や場面抜きで，単独で (15a) と (15b) のような文に関して複数のインフォーマント（米国人・英国人）に尋ねたが，同様に，両者の違いについて明確な違いが感じられないという回答を得ている．しかしながら，上で見たように，文そのものの内容だけではなく，文脈や場面を考慮することによって，to 不定詞と動名詞が微妙に使い分けられていることは確かである．

　Conti (2011: 10) は，I love watching tennis. と I love to watch tennis.

を例にあげ，たいていのネイティブスピーカーは，両者は交換可能であると
感じるであろうとしながらも，love 動名詞構文は，「いつでもどこでもテニ
スを見ることが大好きである」ことを，それに対して love to 不定詞構文は，
「何がしかの条件の下で，あるいは，何か適切な機会があった場合に，テニ
スを見ることが大好きである」ことを述べている文であると主張している．
このように，Conti（2011: 10）は，love to 不定詞構文と love 動名詞構文
の間の違いを認めており，次の（19）では love 動名詞構文のみが適切であ
る一方，（20）では love to 不定詞構文のみが適切であると述べている．

(19)　What do I do to relax? I love watching tennis.
(20)　I love to watch tennis in the winter but in the summer I love to
　　　play.

これまで見たように，to 不定詞と動名詞が微妙に使い分けられているこ
とが観察される．

5.　like to 不定詞構文と love to 不定詞構文

De Smet and Cuyckens（2005: 11）は，like to 不定詞構文と love to 不
定詞構文は，完全にパラレルな関係にはないと主張している．彼らは，ほと
んどの love to 不定詞構文が表す意味は，「習慣」と「楽しみ」との間の意味
領域を行ったり来たりすると述べ，次の（21a）と（21b）をあげている．

(21) a.　I now have my dream machine—a mountain bike.　At week-
　　　　　ends, I *love* to ride around lanes near our home with the girls.
　　 b.　He was friendly and *loved* to laugh.

また，De Smet and Cuyckens（2005: 10）は，次の（22）をあげ，love to
は，意味的に desire to や want to と等価であるが，このような「欲求」の
意味を表す love to 不定詞構文は珍しく有標な構文であると述べている．「欲
求」を表す場合は，would love to 構文が用いられるのが通例であろう．

(22)　Somewhere inside the building a high voice was singing in oddly
　　　accented English.　Oh I *love* to be a Happy Farmer hot dog.　A
　　　Happy Farmer hot dog is for me, Cause when I am a happy
　　　Farmer hot dog, Everyone will want to swallow me.

前節で触れたように，De Smet and Cuyckens (2005: 11) も，like / love to
不定詞構文に関して，それは「欲求」「楽しみ」あるいは「習慣」の意味を表
すが，いずれの意味を表しているのか明確に峻別することは難しく多義性が
認められると述べている．つまり，この構文に関して，「欲求」を表す場合，
「欲求」と「楽しみ」の意味領域にまたがる場合，あるいは，「欲求」と「習
慣」の意味領域にまたがる場合，また純粋に「習慣」のみを表す場合などが
認められるという．De Smet and Cuyckens (2005: 12) は，次の (23) は
「欲求」と「習慣」の両方の意味領域にまたがる例であり，(24) は，純粋に
「習慣」を表す例としている．

(23)　How much time do you spend getting ready for the day<p>I try
　　　to take more than an hour.　I *like* to be ready at 10am and feel
　　　together to face things.
(24)　You know, where does it stop?　As I *like* to put it, if a criminal
　　　comes up with a shoulder launcher, are we then going to arm ev-
　　　erybody with shoulder launchers?

De Smet and Cuyckens (2005: 12) によると，(23) の like to be ready at
10am に対しては，"I aim / want to be ready at 10am" (volition) あるいは，
"I am usually ready at 10am" (habit) のいずれの解釈も可能であるという.
また，(24) の like to put it に対しては，'as I always put it' の解釈がなさ
れるという．そして，De Smet and Cuyckens は，このような「欲求」と
「習慣」の意味領域にまたがる例，あるいは純粋に「習慣」を表す例は，love
to 不定詞構文には見られないと主張している．彼らは，この点が，like to
不定詞構文がカバーする意味と love to 不定詞構文がカバーする意味のわず
かな違いであるとしている．ここでは，紙幅の関係上，like to 不定詞構文

と love to 不定詞構文のいずれも,「好み」,「欲求」,「楽しみ」,「習慣」の意味を表し得るが, like to 不定詞構文に対してのみ,「意志（欲求）」と「習慣」の意味領域にまたがる解釈と純粋に「習慣」の解釈が可能であるという彼らの主張を述べるに留める.

6. おわりに

　like/love to 不定詞構文と like/love 動名詞補部構文を場面や文脈抜きで単独で見た場合, いずれも「好み」「楽しみ」の意味を表す解釈がなされる. しかし, それらに疑問文のような先行要素が存在する場合, to が本質的に持っている「方向性（未来性）」が, また動名詞が基本的に示す「現実性」が顔を見せる. また, like/love to 不定詞構文は,「選択」と「習慣」の意味も表すが,「習慣」と「選択」という概念も互いに全く無縁ではない. なぜなら, 何がしかの行為を常に選択すればそれが習慣となるからである. また,「好み」という概念も「楽しみ」という概念とつながっている. 何か好きなことをすれば, それと同時に楽しいと思う感情が伴い, その行為を再び繰り返したいという欲求が自然生まれる. このように,「好み」の概念は,「楽しみ」「欲求」「選択」「習慣」「傾向」「性向」などの概念と連なっており, これらの意味が混交した形で like や love が使用されているのも不思議ではないであろう.

　これまで見たように, 確かに, 場面や文脈を考慮せず単独で観察した場合, to 不定詞補部と動名詞補部を含む文に意味的な違いは認められない. しかしながら, その一方で, 第3節において観察したように, to 不定詞補部を伴う文と動名詞補部を伴う文が, それぞれの守備範囲を保ちながらそれぞれの存在意義を示していることが確認できる. しかし, to 不定詞と動名詞に関する更なる詳細な分析については稿を改めなければならない.

参考文献

Bladon, R. A. W. (1968) "Selecting the *to* or *-ing* Nominals after *like, love, hate, dislike* and *prefer*," *English Studies* 49, 203–214.

Bolinger, Dwight (1977) *Meaning and Form*, Longman, London.

ブレント・デ・シェン (1997)『英文法の再発見』研究社，東京．

Close, R. A. (1975) *A Reference Grammar for Students of English*, Longman, London.

Conti, Gregory (2011) "Defining a Rule for the Use of Infinitive and Gerund Complements," *English Language Teaching* 4(3), 3–13.

Curme, George O. (1931) *Syntax*, D.C. Heath, Boston.

Declerck, Renaat (1991) *A Comprehensive Descriptive Grammar of English*, Kaitakusha, Tokyo.

De Smet, Hendrik and Hubert Cuyckens (2005) "Pragmatic Strengthening and the Meaning of Complement Constructions," *Journal of English Linguistics* 33(1), 3–34.

Dixon, Robert M. W. (1984) "The Semantic Basis of Syntactic Properties," *Proceedings of the Berkeley Linguistic Society* 10, 583–593.

Duffley, Patrick J. (2000) "Gerund versus Infinitive as Complement of Transitive Verbs in English," *Journal of English Linguistics* 28(3), 221–248.

Duffely, Patrick J. (2004) "Verbs of Liking with the Infinitive and the Gerund," *English Studies* 85, 358–380.

Duffley, Patrick J. (2006) *The English Gerund-Participle: A Comparison with the Infinitive*, Peter Lang, New York.

Egan, Thomas (2008) *Non-finite Complementation: A Usage-based Study of Infinitive and -ing Clauses in English*, Rodopi, Amsterdam / New York.

Huddleston, Rodney and Geoffrey K. Pullum (2002) *The Cambridge Grammar of the English Language*, Cambridge University Press, Cambridge.

Kiparsky, Paul and Carol Kiparsky (1971) "Fact," *Semantics: An Interdisciplinary Reader in Philosophy, Linguistics and Psychology*, ed. by Danny D. Steinberg and Leon A. Jacobovits, 345–369, Cambridge University Press, Cambridge.

久野暲・高見健一 (2016)『謎解きの英文法—動詞』くろしお出版，東京．

小西友七（編）(1980)『英語基本動詞辞典』研究社，東京．

Langacker, Ronald (1991) *Foundations of Cognitive Grammar*, Vol 2. Stanford University Press, Stanford.

Leech, Geoffrey N. (1971) *Meaning and the English Verb*, Longman, London.

Palmer, Frank R. (1988) *The English Verb*, 2nd ed., Longman, London.

Quirk, Randolph, Sidney Greenbaum, Geoffrey Leech and Jan Svartvik (1985) *A Comprehensive Grammar of the English Language*, Longman, London.

Riddle, Elizabeth (1975) "Some Pragmatic Conditions on Complementizer Choice," *Papers from the Eleventh Regional Meeting of the Chicago Linguistic Society*, 467–474.

Smith, Michael B. and Joyce Escobedo (2001) "The Semantics of to-infinitival vs. -ing Complement Constructions in English," *Proceedings from the Thirty Seventh Meeting of the Chicago Linguistic Society* 37, 549–563.

Swan, Michael (2016) *Practical English Usage*, 4th ed., Oxford University Press, Oxford.

Thomson, A. J. and A. V. Martinet (1980) *A Practical English Grammar*, 3rd ed., Oxford University Press, Oxford.

Ungere, Friedrich and Hanns-Jörg Shmid (1996) *An Introduction to Cognitive Linguistics*, Addison-Wesley Publications, Boston.

Verspoor, Marjolijn (1996) "The Story of -ing: A Subjective Perspective," *The Construal of Space in Thought and Language*, ed. by Pütz Martin and René Dirven, 417–454, Mouton de Gruyter, Berlin

Wierzbicka, Anna (1988) *The Semantics of Grammar*, John Benjamins, Amsterdam.

第 5 章

偶然的連鎖・コロケーション・定型表現
—— 原因の from, with の考察から ——

八木　克正

関西学院大学名誉教授

1.　はじめに

　本稿の目的は，英和辞典や文法書などで，形容詞の後に現れる前置詞のうち，どれをどのようにリストするべきかという問題についての基本的な考え方を提起することである．この議論の拠り所は，八木・井上（2013）の，語や句の連鎖の相互の緊密度の段階性の考え方にある．

　このような考察を深めるための具体例として，tired に後続する前置詞に関わる問題を，歴史的な経過を踏まえて詳しく論じる．特に tired に後続するいろいろな前置詞の中で，「原因」を表す from と with の使用実態を調査し，歴史的な変化を考察する．

　from と with のそれぞれがどのような形容詞と結合しやすいかを明らかにすることによって，tired が from と結合するようになったのは，from の使用の広がりの歴史的変化の結果であることが明らかになるだろう．また，本稿の考察から，「原因」を表す from の，現代英語における用法の広がりと，近代英語以降の「原因」を表す with の用法変化が明らかになるであろう．

2.　連鎖のタイプ

　八木・井上（2013）は，文中で生じる X Y Z という 3 つの要素の連鎖には，次の 4 つのタイプがあるとした．

A:　偶然的連鎖

B:　コロケーション

C:　頻繁に使用される定型表現

D:　結束が固いイディオム

　この 4 つのタイプを厳密に分けることは簡単ではないが，辞書の編纂者も英語の研究者もその区別をすることが必要であると考える.[1]

　まず，A タイプの例をあげてみよう. [stand]$_X$ [behind]$_Y$ [a chair]$_Z$ という連鎖では [Y Z] は動詞句の外にある場所の副詞句であり，X と [Y Z] の間には構成構造的にも意味的にもつながりはない. したがって，A タイプと考える. 構成構造を図示すると [stand] [behind a chair] となる.

　これに対して，[sit]$_X$ [on]$_Y$ [a chair]$_Z$ では，sit と on は一般的には [sit PREP][2] の定型表現の形をしており，on は chair とのコロケーションの必要から選択された前置詞で，[sit on] と [a chair] の関係は B タイプである.

　以下，B, C, D の定義を八木・井上 (2013: 8) から引用する.

　B タイプは「習慣的な語と語の結合の様子を言う. catch a cold, contract pneumonia, develop cancer というような病名と特定動詞の結合の様子がその例である」.

　C タイプは，「コロケーションがさらに固定化され，かたまりとして使用されるものである. 頻繁に使用されるために多義性をもつ」.

　D タイプは，「定型表現よりさらに固定化されたかたまりであり，一般的な定義にしたがえば，「構成する語の意味から得ることができない新たな意味をもったもの」である. 意味が固定化されることによって，使用頻度は定

---

[1] コーパスから n-gram（任意の数の高頻度連鎖を検出するプログラム）で検出した高頻度の連鎖（例えば this is, is this, do you want me, you want me などを Biber (1999: 992ff.) は lexical bundle と呼ぶ. このような連鎖の出現頻度だけを問題にするなら A, B, C のタイプ分けは不要になるが，構成構造や意味を考える本稿の立場とは相容れない (cf. 八木・井上 (2013: 7f.)).

[2] X, Y, Z の要素のうち，複数の語句の選択の可能性がある場合には品詞表示とし，品詞表示に次の表記を使う. PREP：前置詞 (preposition), ADJ：形容詞 (Adjective), VERB：動詞, NP：名詞句 (Noun Prase).

型表現とは比較にならないほど低（い）」．

　このような定義を出発点として，いろいろな形容詞とそれらに後続する「原因」を表す from, with やその他の前置詞が上の 4 つのどのタイプであるかを見極める．

3.　タイプ分けの検討

　A, B, C, D のタイプを，COCA コーパスからとった（1）の 3 例を使って予備的な考察をしておこう．これらの 3 例はいずれも表面的には [fall]$_X$ [on]$_Y$ [NP]$_Z$ という連鎖をなしている．

　（1）a.　A tree *fell on* his car.
　　　b.　I *fell on* my face.
　　　c.　Rosa *fell on* her grandmother, laughing and crying at the same time.

　（1a）は木が倒れかかる場所を表している．倒れかかる事物・場所によって in, into, on, onto, to など多様な前置詞が選ばれる．一般的表示にすると [fall PREP] で「倒れかかる」の意味の定型表現（C タイプ）になる．Z が [his car] なので前置詞に on が選ばれ，[fall on] と [his car] がコロケーション（B タイプ）になっている．

　（1b）は人の転倒の仕方を述べたもので，どのような倒れ方をするかによって [on]$_Y$ [my face, my knees, my stomach]$_Z$（顔から，膝から，お腹から）のような倒れ方がある．前置詞は on に限られ，[fall on] の連鎖が「転倒する」の意味で使われる場合は，結合が固定化した D タイプのイディオムである．構成構造を図式化すれば [fall on][my face] となる．（1c）も D タイプで，[fall on] は fall 単独にはない「飛びかかる」の意味のイディオムである．

　このように，表面的には X Y Z という同じ形をした連鎖も考察を加えれば 4 つのタイプがある．

4.　A 〜 D タイプの検討

　第 3 節の議論を具体例を使って補強しておく．一般にコロケーションは
「高頻度の連鎖」と定義される．つまり，A タイプと B タイプは頻度の違い
と考えられてきた．だが，例えば tired の後にくる前置詞の COCA コーパ
スにおける出現数の多いものから並べると，of 9710, from 401, after 127,
for 100, at 83, in 82, by 55 などとなる．このような数字だけでは，どれ
が偶然の連鎖か，コロケーションか，定型表現か，イディオムかの判定は難
しい．判定の手がかりとして，COCA コーパスからとった次の 3 つの文を
みてみよう．

　(2) a.　Guys get *angry from* time to time.
　　　b.　A lot of them are *angry from* losing their job.
　　　c.　My mother had come home *angry from* her waitress job in a
　　　　　beer garden.

　(2a) では [from time to time] が C タイプで，[angry] と時を表す副詞句
[from time to time] は構成構造的につながりのない A タイプである．
　(2b) では from 以下は怒っている理由を述べているが，angry と from の
連鎖は angry at, angry about, angry with のような angry に特有な前置詞
ほどの緊密さはないように思える．OCD2 をはじめ，英英辞典は angry に
後続する前置詞として at, about, with, for, over をあげるが，from はあ
げないこともその違いを反映していると思われる．
　では angry from と angry at, about, with, for, over とではどのような
違いがあるのだろうか．angry at, about, with, for, over は怒りの対象を
表す．すなわち [angry PREP] で定型表現を構成する C タイプである．多
くの形容詞は afraid of, appealing to, attractive to などのように，さまざ
まな前置詞を従え，[AJD PREP] の固まりとなって C タイプの定型表現を
構成する．[AJD PREP] の形の定型表現を句形容詞（Phrasal Adjective）と
呼ぶことにしよう．
　She smiled at me の smile at のような [VERB PREP] は句動詞（Phrasal

Verb）と呼ばれるが，いずれも [ADJ PREP] と同じく，C タイプの定型表現である．She looked into the house. の look into は look が本来の意味を保持した定型表現であるが，She looked after her sick mother. の look after は look にはない「世話をする」という意味のイディオム，すなわち D タイプである．句動詞には，もとの動詞にはない新しい意味をもった D タイプと，本来の意味を保持した C タイプがある．

　では，angry from はどのように考えるべきだろうか．COCA コーパスで検索すると，angry at が 2646 例，angry from が 11 例（「原因」以外の意味の from が 6 例ある）で，at と比べて出現数は極めて少ない．以下で述べる調査で明らかになるが，この from は angry に限らず，多様な形容詞と結合し，その形容詞の状態を引き起こす原因を表す前置詞である．第 5 節での結論を先取りすることになるが，angry from NP における angry と [from NP] の関係は B タイプのコロケーションである．したがって，辞書の記述としては，tired from をコロケーションとしてあげるならば，angry のコロケーションの例として angry from もあげておくべきであろう．

　（2c）では，from は come home とつながっており，「ビアガーデンでのウエートレスの仕事から」帰宅したのであり，angry とは意味的にも構造的にも直接的な関係がない A タイプである．

　（1）と（2）をみてわかるように，構造的・意味的な関連性を考えずに A，B，C，D のタイプ分けはできない．

5.　原因を表す from の分布

5.1.　使用範囲の広い「原因」の意味の from の全体像

　前節の angry from の議論を深めるために，形容詞の後に来る「原因」の意味の from がどれほど使われているかを COCA コーパスで検証してみよう．手法は，「形容詞＋from」の連鎖を抽出し，出現数上位 100 の形容詞の中で，「原因」の from をとっている形容詞の数を，ひとつひとつ意味を考えながら数えた．その結果，「原因」の from を従える形容詞は 22 あった．それを，出現数順に代表例を下にあげる．

　上位の dead from, tired from, sick from, warm from の連鎖は英英辞典でも見出すことができるが，筆者が調べた限り，出現数がそれ以下の形容詞が from をとるという記述をする辞書はない．16 の rich 以外，すべて「心身の変化」を表す形容詞であり，6 の damp も「雨で濡れ鼠になって」という体の変化を述べており，例外ではない．

1. At least 17 people were confirmed *dead from* Hurricane Florence
2. May is *sweaty* and *tired from* the summer heat.
3. … people get *sick from* viruses …
4. The air was *warm from* the radiators, …
5. … your limbs feel impossibly *weak from* hunger …
6. … I was freezing and *damp from* the rain.
7. … the glass of the door behind me was *hot from* the sun …
8. This face was *red from* screaming …
9. The skin on Sharan Bryson's leg was *black from* lack of circulation.
10. My back was *sore from* the bending and picking of harvest time …
11. … his lips were turning *blue from* the cold …
12. His mouth *weary from* all this talk.
13. … her throat felt *raw from* screaming …
14. … my knuckles were *white from* gripping it …
15. … her fingers and face were just *numb from* the frostbite …
16. By the year 1822 the town had grown *rich from* whaling, …
17. Her hand was cold and *wet from* the weather, …
18. Romero was *dizzy from* the heat.
19. The skin of my forearm was growing *stiff from* dried blood, …
20. Her sheets were damp and *cold from* her sweat, …
21. … the Colonel went *blind from* suffering and exhaustion …
22. … his voice is *hoarse from* coughing …

　このような検索結果は，「原因」の from がいかに広範囲に使われている
かを示している．angry from は上にみた出現数上位 100 の中には入ってい
ないが，同種の例である．ここでの検証は形容詞の後に来た from に限って
いるが，実は形容詞以外でも，もっと多様な使われ方がされていることは第
8 節で見る．

5.2.　レジスター別の調査

　上の 1 ～ 22 の例を見ると，「心身の変化の形容詞＋原因の from」のコロ
ケーションは，話し言葉より書き言葉に多いように思われる．そこで，
COCA コーパスを使って「原因」の from を従えた形容詞をレジスター別に
検索し，それぞれのレジスター内での頻度上位 100 の中から取り出すと，
以下のような結果になった．spoken（話し言葉），fiction（フィクション），
magazine（雑誌），newspaper（新聞），academic（科学論文）で，spoken
以外は書き言葉である．（　）にリストした形容詞の数を示した．

> **spoken**: dead, tired, weak, numb, scared, black, ill, blind, cold (9)
>
> **fiction**: tired, warm, dead, damp, red, weak, hot, black, sick, dizzy, blue, raw, stiff, wet, numb, white, weary, pink, cold, breathless, dry, sticky, groggy, crazy, horse, brown, heavy, blind, yellow, dirty, moist, muddy, puffy, strong, thin, bad, green, bright, shiny, soft, stinging, shaky, dusty, sweaty, woozy, evident, rough, full (48)
>
> **magazine**: sick, dead, evident, tired, warm, rich, weak, damp, weary, strong, numb, bad, blue, cold, raw, blind (16)
>
> **newspaper**: dead, sick, evident, obvious, tired, hot, black, weary, weak, sore, horse, blind, white, red (14)
>
> **academic**: evident, obvious, poor, dead, tired, blind (6)

　これをみると，from が書き言葉，特にフィクションに際立って多いこと
がわかる．フィクションにおいては，形容詞＋from の連鎖のうちの約半数
が「心身の状況変化の形容詞＋原因の from」になっている．

　では，心身の状況変化の原因を from で表す方法はどのようにして広まったのだろうか．すべての形容詞について検討することはできないので，以下で tired について詳しく論じることにする．tired を取り上げる理由は，日本の英語学の中で議論され，辞書や語法研究書などで広く取り上げてきた歴史があり，その議論が from と with の用法変化を反映しているからである．

6.　tired のとる前置詞をめぐる問題

6.1.　記述の現状

　すでにみたが，tired の後にくる前置詞を COCA コーパスで検索すると，of 9710, from 401, after 127, for 100, at 83, in 82, by 55, with 32 となる．「あきて」の意味の tired は，ほぼ tired of の定型表現で使われることは辞書や語法書の記述で一致している[3] が，「疲れた」の意味の tired に後続する前置詞については，辞書や語法書で揺れが大きい．手元の学習英和辞典の最新版があげている，「疲れた」の意味の tired の後にくる前置詞を比較してみよう．

　　① 　from, after,《まれ》with

　　② 　from, with, after

　　③ 　from

　　④ 　from,《英》with

　このように，現在の日本の学習英和辞典で共通しているのは from だけであり，with は例外扱いで，after はあげるものとあげないものがある．

　対照的に，現在の代表的英英辞典 CALD4, MED2, LDOCE6, CO-BUILD8 はいずれも tired with, tired from のコロケーションはあげていない．OALD の最新版の 10 版（9 版までにはない）と OCD2 には（3）（4）の例がある．

---

　[3] 「あきて」の意味の tired は必ずしも tired of だけではないことは，後に種々のデータで検証する．

(3)　I'm still a bit **tired from** the journey.　　　　　(OALD10)

(4)　I'm still a little **tired from** the flight.　　　　　(OCD2)

渡辺（編）（1995: 820ff.）[4] で，質問者は「英米の辞書には be tired from はのっていないし，英国人語学教師は，英国人は使わないし，聞いたこともないし，使ったこともないと言う」という趣旨を述べている．回答者は，英米の辞書でも be tired from の例をあげるものがあることを指摘し，3 人のインフォーマントの反応として be tired from は全員が可能としたという．また 10 例ほど be tired from の実例をあげている．実例はすべて書き言葉，特に小説からとられたものである．そこで，あらためて be tired from の出現数を COCA コーパスでレジスター別の調査したところ，その結果は以下の表のようになった．

spoken	written				total
	fiction	magazine	newspaper	academic	
23	247	60	41	18	389

この結果をみれば，書き言葉，中でもフィクションに多いことがわかる．このことは前節で COCA コーパスによる検証で述べた結果と同じである．

ここで，語法事典や英英辞典があげている tired に続く前置詞を見てみよう．

(5)　Kids can suddenly get very *tired after* playing for a time.　(MED2)

(6)　My legs were *tired after* so much walking.

　　　　　　　　　　　　　　　(CALD4 (EXTRA EXAMPLES))

(7)　a.　I am *tired for* some reason this morning. I'll just sit down and rest my feet awhile.

---

[4] 渡辺（編）（1995）は，雑誌『英語教育』誌上で読者の質問に回答者が答える「クエスチョンボックス」をまとめたものである．

b.　《Am》You make me *tired with* all that big talk.

(以上 Evans and Evans (1957))

(8) a.　She became *tired with* [*from*] too much study and extracurricu-
lar activity.

b.　The tourist *tired with* Baedeker and his latter-day substitutes
may turn.

(以上 MWDEU (1994))

これらをみると混沌状態であるが，英和辞典が from, with, after をあげ
る根拠は (3)-(8) のあたりにありそうである．(5) (6) にある after は，特
に tired に特有ではなく，He was already *tired before* departure.（出発する
前からすでに疲れていた）のような例と同じく，after NP も before NP も統語
的には tired とは直接関係のない，時の副詞句である．また (4a) の for は，
reason とコロケーションの関係にあって，理由を表す副詞句であり，tired
とは構成構造上は無関係である．

6.2.　記述の歴史

ここで，日本の辞書での記述を簡単にたどってみよう．

(9)　斎藤秀三郎『熟語本位英和中辞典』(1915)

I am tired with working. 働いて疲れた．

I am tired with walking. くたびれた．

I am tired of study. 勉強に飽きた

(10)　勝俣銓吉郎『研究社英和活用辞典』(1939)

very tired with … …で大いに疲れて

tired after one's journey 旅の後で疲れて

tired from travelling（work, ride）旅行（等）で疲れて

tired with one's resistance 根まけがして

tired with teaching all day 終日の授業に疲労して

後期近代英語を材料にしている (9) では with しかないが，(10) では少
し時代が下っているせいか，with の例が 3 例，from が 1 例ある．(9) も

（10）も，広く収集した実例をもとにした辞書であり，いずれも記述には信頼がおける．6.1 節でみた少し古いアメリカの語法辞典においても，with と from のどちらで可能とする時期があったことがわかる．

　このような古い文献に表れる with の扱いは，羽柴（1965）以後大きく変化した．その論文のタイトルは「Tired with work はもう使われないか」であり，結論は「疲れる」の意味では tired with は今は使われず，tired from を使う，というものであった．しかし，この結論は，その後の検討で必ずしも正確ではないことがわかってきた．

　羽柴（1965）以降の扱いをみてみよう．大塚（1965）は「《まれ》with」のみ，上本（1972）は「from, by, 時に with」，小西（1976）／小西（編）（1989: 1892）は「from 結果，with 理由，by 過去分詞としての意識，after 旅行，外出」，小西（1976: 229）には tired at もある．小西（編）（2006）は「from, by,《まれ》with」，安藤（2011）は「《まれ》with」のみ，渡辺（1981: 503ff.）は「from, with, by」，渡辺（1995: 820ff.）は「from, with, after」の可能性を認めている．

　先にも述べたが，英米の辞書では from, with のような前置詞はあげていない．そのことは渡辺（1995: 820ff.）でも指摘されている．そこで，羽柴（1965）の言う，「tired with であったものが tired from へと変化した」という見解の正当性を検証しなければならない．

6.3.　コーパスによる検証

　COCA コーパスで検索すると，tired は総数 24,172 で，限定用法以外では，後続要素のないもの，of をとるもの，to do をとるものが大半である．「あきる」の意味の tired of は 8,537 あり，tired of は句形容詞の定型表現として確立している．このような状況は，「疲れる」の意味では，補部を必須としない形容詞であることを示唆している．[5] つまり，文脈の中ですでに疲れる状況が述べられて，その結果 I was tired. の表現が出てくるのであろう．

---

[5] She is beautiful. のような例でみる beautiful は前置詞などの補足部を必要としない．この種の形容詞を八木（1999）では「完全形容詞」と呼んでいる．

英英辞典で from や with をあげないのは，その頻度の低さとともに，tired
と [PREP NP] の間の構成構造的，意味的つながりの弱さが原因であろう．

　tired from については5.1節で検証ずみであるので，ここでは，COCA
コーパスから抽出した tired with の連鎖を詳しく見てみよう．その結果，
tired with には3つの種類があることが判明した．それぞれの種類の例をあ
げる．

> (11) a. You know, they get kind of bored and *tired with* this process
>   of getting through the 82-game regular season ….
>   b. You're getting older, Your Grace．You're almost thirty．You
>   get a little *tired with* old age.
>   c. The 60-year-old Gorbachev looked *tired with* deep lines etched
>   around his eyes …

　(11a) の tired は「あきて」の意味であることは bored and tired の表現で
わかる．(11b) は，高齢になったために疲労がでているというわけで，「疲
れた」の意味である．(11c) では with 以下は「目の下に深い皺ができて」
という付帯状況を述べていて，tired とは直接の関係のない A タイプである．
筆者が調べたところ，全部で32例のうち「あきて」の例が16，「疲れた」の
意味が13，A タイプが3という結果である．数は少ないが，tired with で
「疲れた」の意味に使う例があること，また，tired of の代わりに「あきて」
の意味で使われることがあることがわかる．

　この結果から，「疲れた」の意味では from がくるのが普通で，まれに
with がくることがわかった．一方「あきて」の意味では of が普通であるが，
まれに with が使われることもわかった．

6.4.　tired at / by

　5.2節で tired at をあげるものがあるのをみたが，COCA コーパスにある
tired at の107例はすべて tired at night のように，tired と at は構成構造上
も意味的にも直接的な関係はない．小西（1976: 229）にある tired at work
は「仕事で疲れた」の意味ではなく，「疲れ切って仕事に行く」の意味にな

る．COCA には適例がないので，COHA から 1 例引用する．

(12)　He probably comes over to your place and cries, keeps you up talking half the night maybe two or three times a week so you're always *tired at work*.

また，tired by は受動形であって，ここで問題にしている原因の from, with とは関係がない．

7.　歴史的変化の検証

　第 6 節で述べたことで，羽柴 (1965) の「Tired with work はもう使われない」という説は，現代英語については，ほぼ正しいことがわかった．
　そこで，さらに，COHA によって，tired from と tired with の 1810 年から 2000 年にわたって出現数の推移をみてみよう．

tired from の出現数

1810	1820	1830	1840	1850	1860	1870	1880	1890	1900
—	—	—	2	1	1	2	5	11	12
1910	1920	1930	1940	1950	1960	1970	1980	1990	2000
19	26	25	28	26	21	18	26	31	39

tired with の出現数

1810	1820	1830	1840	1850	1860	1870	1880	1890	1900
—	7	13	12	22	28	30	32	23	22
1910	1920	1930	1940	1950	1960	1970	1980	1990	2000
16	9	10	3	2	3	—	3	3	5

　この表は，tired from の 20 世紀（現代英語）になってからの増加傾向と，tired with の 20 世紀になってからの減少傾向を読み取ることができる．
　以上の議論で明らかになったが，辞書がコロケーションを記述するなら

ば,「tired の「疲れた」の意味では from,《まれ》with,「あきて」の意味では of,《まれ》with」となるべきである.

8. 現代英語における「原因」の with の検証

第5節でみたように,from は心身の変化を表す形容詞の後にきて,その原因を言う.では,with は現代英語ではどのような使い方がされるのだろうか.COCA コーパスを利用して,同じ調査を行ってみよう.

1. Donald Trump seemed very *pleased with* their phone call …
2. They are *angry with* the lack of progress …
3. They're both *busy with* their lives, …
4. Why is ICE *unhappy with* Trump's tweet?
5. I was just really happy and *satisfied with* the way it happened …
6. They're *dissatisfied with* the ruling Conservative government, …
7. I've become *bored with* President Trump and his tweets.
8. His fingers were *white with* chalk and streaked with blood.
9. Frankie was *sick with* thirst …
10. the little creek ran *red with* the blood of soldiers after the battle of Antietam.

1–10 の形容詞は,with の後の名詞句が直接の原因となって引き起こされる状況を述べている.from を従える形容詞の「心身の変化」を述べる形容詞とはかなり違った意味の形容詞であることがわかる.

9. 近代英語の with

では,近代英語では with の役割はどうだったのか,COHA を使って具体的な例をみてみよう.議論を具体的にするために,5.1 節でみた,from をとる形容詞のうち上位5つが同じような意味で with を伴った例をひとつずつあげる((　　)内は出現年).

(13)　… nearly *dead with* suffocation …　(1845)

(14)　A little *tired with* walking, …　(1870)

(15)　… and looking almost *sick with* anxiety.　(1870)

(16)　… he was *warm with* his long walk.　(1882)

(17)　While lying there, *weak with* hunger, …　(1849)

このような，心身の変化を表す形容詞が with 句を伴う例は，後期近代英語では珍しいことではない．

10.　from の広がり

筆者が，コーパスの利用が盛んになる前に収集した多様な「原因の from」の例は，そのほとんどが 5.1 節でみた心身の変化を表す形容詞とその類語であるが，それ以外の例をあげておく．

(18)　It was feebly *lit from* the street lamps outside; he switched off the flashlight and looked round.　(Richard Wright, *Native Son*, 1940)

(19)　He was the big lumbering man who spoke no Italian, and whose French was heavily *accented from* some motherland in Eastern Europe.　(F. Forsyth, *The Day of the Jackal*, 1971)

(20)　Before we left Gjoa Haven, the daughter of Hikitook, my host, refurbished my caribou skin boots, *split* and *worn from* more than 400 miles of travel.　(*National Geographic*, March, 1974)

(21)　The back of his jacket and the seat of his trousers were *shiny from* wear.　(T. Wiseman, *The Day before Sunrise*, 1976)

（18）は「街灯に照らされて」，（19）は「生まれが東欧のどこかなので」，（20）は「（ブーツが）400 マイル以上の長旅で裂けて擦り切れて」，（21）は「（上着の背とズボンの尻が）擦り切れてテカテカになって」の意味である．（18）-（21）のコロケーションの類例は，COCA コーパスで見出すことはできるが，英語を記述した語法書や辞書で見出すのは難しいであろう．

11.　結語

　本稿は，理由を表す from について with と比較しながら歴史的な変化と，その現代英語の使用状況について論じた．その結果，理由の from の用法が「心身の変化」の原因を表すために広く用いられている実態が明らかになった．また，辞書で形容詞と前置詞のコロケーションをリストする場合，構成構造や意味を考慮し，選択的に行う必要性も提起した．具体例は主に tired を扱ったが，本稿の結論を補強するために，tired 以外の形容詞についても with との比較で歴史的な使用状況の変化を見る必要がある．

参考文献

（広く知られている学習英英辞典の略称は省略する）

安藤貞雄（編）(2011)『三省堂英語イディオム・句動詞大辞典』三省堂，東京.

Evans, B. and C. Evans (1957) *A Dictionary of Contemporary American Usage*, Random House, New York.

羽柴正市 (1965)「Tired with work はもう使われないか」『英語青年』1965 年 1 月号.

小西友七 (1976)『英語シノニムの語法』研究社，東京.

小西友七（編）(1989)『英語基本形容詞・副詞辞典』研究社，東京.

小西友七（編）(2006)『現代英語語法辞典』三省堂，東京.

Merriam-Webster's Dictionary of English Usage (1994), Merriam, Springfield, MA.

大塚高信（編）(1965)『新クラウン英語熟語辞典』三省堂，東京.

Oxford Collocations Dictionary for Students of English, 2nd ed. 2009.

上本明 (1972)『現代英語の用法』東京，研究社.

Wilson, K. G. (1993) *The Columbia Guide to Standard American English*, Columbia University Press, New York.

渡辺登士（編著代表）(1981)『英語語法大辞典・第 3 集』大修館書店，東京.

渡辺登士（編著代表）(1995)『英語語法大辞典・第 4 集』大修館書店，東京.

八木克正 (1999)『英語の文法と語法——意味からのアプローチ』研究社，東京.

八木克正・井上亜依 (2013)『英語定型表現の研究——歴史・方法・実践』開拓社，東京.

第 6 章

斎藤秀三郎『熟語本位英和中辞典』の語法と文法*

神崎　高明
関西学院大学名誉教授

1.　はじめに

　斎藤秀三郎の名著『熟語本位英和中辞典』（1915）が，刊行百年を機に八木克正氏（関西学院大学名誉教授）によって校注が施され，2016 年 10 月に新版として岩波書店から出版された．筆者はその校注に協力するに当たって，『熟語本位英和中辞典』（以降は『斎藤中英和』）を詳しく読む機会を得た．数々の発見があったが，なかでも印象に残ったのは，語法・文法に関する多くの説明が辞書の中に盛り込まれていることであった．その説明は，本文のそこかしこに散りばめられているが，特に重要な所は，「注意」として取り上げられている．本稿では，『斎藤中英和』の中で扱われている興味深い語法・文法事項を取り上げ，それらが，その後の英語の学習参考書や英和辞典にどのような影響を与えているかを歴史的に考察していく．

2.　PEG，COD と OED

　斎藤秀三郎は英文法に関する多くの本を英文で書いている．その中でも重要な本は 4 巻本の *Practical English Grammar*（以降は PEG）（1898-99）

---

　* 本稿は「『熟語本位英和中辞典』の語法と文法」『言語と文化』（関西学院大学言語教育研究センター紀要（2018））に加筆修正を施したものである．

である．この本の我が国の英文法研究に与えた影響には大きいものがある
が，英文で書かれた千ページを超すこの本が広く一般に知られているとは言
い難い．その点，PEG の 16 年後の 1915 年に出版された『斎藤中英和』は
学生や一般人を対象に日本語で書かれており，熟語本位の立場から書かれた
この辞書は発行後 20 年間で 80 万部も売れ，この辞書の英語教育界に与え
た影響は，計り知れないものがある．さらに，この辞書の中には，PEG の
中で詳しく論じた語法・文法のエッセンスが，必要な訂正を加えた上で，適
切な例文とともに簡潔にまとめられている．

　『斎藤中英和』の中で述べられている語法・文法に関する情報は，すべて
斎藤のオリジナルかというと，そうではない．*The Concise Oxford Dic-
tionary* (COD) の初版は『斎藤中英和』が発行された 4 年前の 1911 年に発
行されている．大村（1960: 429）の調査によれば，斎藤は『斎藤中英和』の
発行前に COD を丹念に読んでいた証拠があるとのことである．確かに，
『斎藤中英和』の中には COD と内容が重複している箇所があり，その意味
で大村の主張は正しい．たとえば，be anxious about（心配する）と be
anxious to（切望する）の意味の差異は，『斎藤中英和』に載っているが，す
でに COD でも同様のことが指摘されている．

　さらに，当時，10 巻本の OED（現在の *The Oxford English Dictionary*
は当時 *A New English Dictionary* として発行された）が，数年に 1 巻ずつ
発行されていた．第 1 巻（A）は 1888 年に発行され，1909 年には第 7 巻
（P）まで発行されていた．その後，1914 年に第 8 巻（Sh）まで発行してい
る．斎藤は，英和辞典を執筆する時点で，おそらく OED の第 7 巻までは手
に入れており，参考にしたと思われる．

3.　語法・文法の記述

　『斎藤中英和』で取り上げられた語法・文法項目は，それ以降の学習参考
書や英和辞典にも大きな影響を与えている．まず，法助動詞から見てみよ
う．

3.1.　can, may と must

can, may, must などいくつかの法助動詞は，根源的法助動詞（root modal）と認識的法助動詞（epistemic modal）に分けられることは，現在ではよく知られている．この区別は，Hofmann（1966）に遡ると言われている．学習英文法の参考書である Close（1975: 263）ではこの区別を primary uses と secondary uses として説明している．

『斎藤中英和』では，この区別を第 1 の意味，第 2 の意味というように区別している．すなわち，(1) のように意志動詞（do, try, play）と共起すれば，許可の意味を持ち，(2) のように無意志動詞（be, succeed, fail）と共起すれば，可能の意味を持つ．

(1)　You may try.（試みてもよい）
(2)　You may succeed.（成功する事も有る可し）

この辞書に先んじて，彼の著書 PEG, vol. 2（1898: 276–278）でも，斎藤は根源的用法に当たる法助動詞を primary meaning，認識的用法に当たる法助動詞を secondary meaning として区別しており，その先進性には驚かされる．

3.2.　except と except for

『斎藤中英和』では，except と except for の差異を，次のような文で説明している．

(3)　He has no clothing *except* a loin-cloth.
　　（褌の外には何も着て居らぬ）
(4)　He is naked *except for* a loin-cloth.
　　（褌を締めて居る丈で丸裸）

(3) のように，打ち消しに続く場合には except が使われ，打ち消しを他の言葉に言い換えれば except for になると，斎藤は言う．

この説明方法を採用しているのは『研究社中英和 3』と『アンカー 2』である．『アンカー 2』では，『斎藤中英和』の例とよく似た例が挙げられている．

(5)　He has nothing on *except* a shirt.

　　（彼はワイシャツしか着ていない）

(6)　He is naked *except for* a shirt.

　　（彼はワイシャツを着ているという点を除けば裸だ）

(5), (6) の例は，『斎藤中英和』の (3), (4) の例を参考にしていると考えられる．

　Swan (2005: 173) は，『斎藤中英和』と同じではないが，『斎藤中英和』を下敷きにしたのかと思われる位，よく似た説明をしている．すなわち，all, any, every, no, everything, anybody, nowhere, nobody, whole などのような全体を表す語の後では，except for の for は次例のようにしばしば省略されると説明している．

(7)　I've cleaned all the rooms *except* the bathroom.

(8)　Nobody came *except* John and Mary.

Swan (2005) 以降に発行された『ウィズダム 3』(2013)，『ジーニアス 5』(2014) は，Swan の説明を踏襲している．打ち消しの表現の後では except が使用されるという観察を，早くも 1915 年の時点で行っていたという斎藤の慧眼には驚かざるを得ない．

3.3.　twice larger と twice as large as

　『斎藤中英和』では，「倍数の次には "twice larger" のごとく比較級を用いず」とある．すなわち，斎藤は twice の後には as large as を使うのが普通である，と英語学習者に注意を呼びかけている．

(9)　It is twice as large as a dog. （犬の二倍の大きさ）

　この考え方は，その後の学習参考書や語法辞典にも引き継がれている（江川 (1964: 106),[1] Evans (1957: 514)）．最近の辞書では『ジーニアス 5』が，

---

[1] 江川 (1991)（第 3 版）では，倍数の項目は割愛されている．

次のような例文を挙げ，その中で（11）や（13）の文は非文法的としている．
『ウィズダム 3』でも同様の指摘がある．

(10)　This book is twice as large as that one.
　　　（この本はあの本の 2 倍の大きさだ）
(11)　*This book is twice larger than that one.
(12)　You are twice as strong as I am.
　　　（君は私の 2 倍の力がある）
(13)　*You are twice stronger than I am.

　実際の英語では，twice larger という表現も見られるが，twice as large
as の頻度が圧倒的に高い．[2] 斎藤は，学習英文法のレベルでは，twice larger
は用いるべきではないと言っているが，この考え方は今も妥当である．

3.4.　ill と sick

　『斎藤中英和』は ill の説明の中で，「米国にてはこの意味（「病気」）で
sick を用う（この意味の ill は叙述形容詞として用いるが常なり）」と述べて
いる．米国において病気の意味で sick を使うことは，『入江英和』にも載っ
ているので，当時すでに米語法の sick の用法は一般に知られていたのであ
ろう．注目すべきは，ill は叙述形容詞として用いるのが常であると斎藤が
言っている点である．すなわち，以下の例に見られるように，ill には共起
制限があり，an ill boy とは言えないと斎藤は言っている．

(14)　The boy is ill.（その少年は病気だ）
(15)　a sick boy（病気の少年）

　この斎藤の共起制限に関する指摘は，現在の辞書にも引き継がれている．
たとえば，『アンカー 2』は「この意味の限定用法では（英）（米）とも，a
sick person（病人），the sick（病人たち），a sick room（病室）とし，ill は

---

[2]　BNC（British National Corpus）や COCA（Corpus of Contemporary American English）などのコーパスを見ても，twice larger タイプのコロケーションは極めて少ない．

用いない」と言っている．ただし，限定用法でまったく ill が用いられない
かと言うと，そうではない．『研究社中英和 5』は「mentally [seriously,
very] ill people（精神病［重病］の人々）のように副詞を伴う場合は限定的
に使えるが，普通は限定的には sick を使う」と言っている．それ以後の辞
書，『ユース・プログレッシブ』，『ジーニアス 5』，『ウィズダム 3』は，『研
究社中英和 5』の説明をほぼ踏襲している．Swan (2005: 241) も (16) の
例文のように my ill mother より，my sick mother のほうが普通 (common)
と言っている．

(16)　I am looking after my sick mother.
　　　（私は病気の母の世話をしている）

3.5.　very と much

　very は形容詞や副詞を修飾し，動詞を修飾しない．動詞を修飾する時は
much を使用する，と『斎藤中英和』は言う．[3]

(17)　I am very fond of it.（大好き）
(18)　I like it very much.

ただし，分詞から派生した形容詞は，俗語では much でなく very と共起す
るとして，『斎藤中英和』は次のような例を挙げている．

(19)　I was very pleased.（嬉しかった）
(20)　I was very delighted.（喜んだ）
(21)　I was very surprised.（驚いた）

『入江英和』(1912) は，過去分詞の前では very much と言うべきで，
(19)–(21) のように very を使うべきでないと主張している．また，入江は
very を用いることは，昔はあったが，今は良くないとも言っている．一方，
COD (1911) は (19)–(21) のような用法は，口語 (colloquial) であると

---

[3] very と much の差異については，八木 (2016) で詳しく論じられている．

言っている．斎藤と COD はそれぞれ俗語，口語というようによく似た判断
をしているが，だからと言って斎藤が COD を参考にしたとも思えない．な
ぜなら，COD の前に出版された PEG, vol. 3（1899: 44）において，すで
に斎藤は過去分詞の前で very が使用されることがあることを指摘している
からである．なお，斎藤とほぼ同様の指摘は，『井上英和』（1915）でもなさ
れている．

　第二次世界大戦後に出版された英和辞典は，『斎藤中英和』の考え方をほ
ぼ引き継いでいる．たとえば，『研究社中英和』の第5版（1985）までは，
「過去分詞が明確な受け身に用いられた場合は（very）much を用いる：しか
し口語では，特に感情や心的状態を表す過去分詞は形容詞なみに扱われ，
very が用いられる」と説明されていた．ところが，同辞典の第6版（1994）
になると，「口語では」という文言が消える．第6版では，(19)-(21) のよ
うな文が口語だけでなく，文語でも使用されるようになったことを反映させ
た説明文になっている．

3.6.　different from と to

　『斎藤中英和』は「different to は英国にて普通なれども，避くべし」とはっ
きり言い切っている．different from と to の用法については，1915 年前後
の日本の英語学界で話題になっていたようで，井上，入江の英和辞典でも言
及されている．『井上英和』では「different from は今日普通に用ひられ，
different to は俗に多く用いるも正しからずと云う説あり」と different to の
用法を暗に避けたほうがよいように言っている．『入江英和』では「different
は次に from を採るを本則とす．然るに英語の俗語にて ～ to あれども宜し
からず」とある．斎藤，井上，入江の3人とも different to は英国で使用さ
れるが，from を使うべきであるという規範的な立場をとっていることがわ
かる．なかでも斎藤の言い方ははっきりしており，規範的な立場が鮮明であ
る．

　これらの意見を，同じ時期に発行された COD（1911）の意見と比べてみ
ると，その差は歴然としている．COD は「from, to, than のいずれも，過
去も現在もしっかりした書き手によって使用されている (*from, to, than*, all

used by good writers past and present)」と主張している．COD は differ-
ent to を避けるべき表現だとは考えておらず，正用法として確立していると
考えているようである．

　現代英語ではどうであろうか．『ユース・プログレッシブ』では BNC の
コーパスを使って頻度を調べている．その結果は，書きことばでは 90% が
from である．話しことばでは from が 50% 以上を占めるが，to も 40% ほ
ど使われている．

3.7.　形式主語の構文

　『斎藤中英和』は，(22a) のような文を合体すると (22b) になると言う．
また，(23a) を合体すると (23b) になると言う．

(22) a.　It seems that he is a scholar. (学者らしい)

　　 b.　He seems to be a scholar.

(23) a.　It seems that he was rich. (金持ちだったと見える)

　　 b.　He seems to have been rich.

つまり，斎藤は (22a), (23a) のような形式主語を持つ複文は (22b), (23b)
のような単文に，それぞれ書き換えられると言うのである．(22a) から
(22b) に，また (23a) から (23b) に書き換えられるという文法現象は，こ
の斎藤の指摘以降，いわゆる受験英語の中で書き換え構文として，しばしば
取り上げられることになる（高梨 (1970: 465)）．また，この現象はチョム
スキーの変形生成文法の中では，上昇変形（raising）と言われ，典型的な変
形規則の 1 つとして紹介されることになる．

　この斎藤の辞書に先んじて，彼の著書 PEG, vol.2 (1898: 134–135) でも，
(22a), (23a) のタイプの文は (22b), (23b) と同義であることが指摘されて
いる．

3.8.　完了形

　『斎藤中英和』は，(24) は (25) と同義であると言う．

(24)　Three years have passed now since my father died.
　　　（父が死んでから 3 年が経つ）

(25)　It is three years since my father died.
　　　（父が死んでから 3 年になる）

つまり，斎藤は (24) のような完了形は，(25) のように書き換えることが
出来ると言っている．この変換は，その後，受験英語でもしばしば取り上げ
られている（木村 (1960：341)，小寺 (2001: 92)）．この辞書に先んじて，
斎藤の著書 PEG, vol. 2 (1898: 89) でも，(24) のタイプの文は (25) と同
義であることが指摘されている．なお，(25) のような文は，アメリカ英語
の略式では，(26) のように言うことも可能である（『ユース・プログレッシ
ブ』）．

(26)　It has been three years since my father died.

3.9.　the same ～ as (that)

the same ～ as は同じ種類を意味するが，the same ～ that は同一のもの
を意味するとして，『斎藤中英和』は以下の例を挙げている．

(27)　I have the same dictionary as you have.
　　　（僕は君のと同じ字書を有つて居る [sic]）
(28)　This is the same watch that I have lost.
　　　（失くしたのと同一の時計）

この差異を指摘したのは，斎藤が初めてかというと，そうではない．OED
の第 1 巻（s v As B 23）は 1888 年に発行されており，そこにはすでに斎
藤が指摘した「同種類」と「同一物」の差異が説明されている．おそらく斎
藤は OED を参考にし，the same ～ as と the same ～ that の差異を，PEG,
vol. 1 (1898: 98) や『斎藤中英和』(1915) で説明したものと思われる．
　斎藤が指摘する the same ～ as と the same ～ that の意味の差異は，その
後出版された英語の学習参考書や辞書に受け継がれていくことになる．ま
ず，学習参考書から見ていこう．戦前の学習参考書でよく知られているの

は，山崎貞の『新自修英文典』である．山崎貞は斎藤秀三郎が校長をしていた正則英語学校の出身であり，山崎は斎藤の弟子に当たる．『斎藤中英和』をはじめ，斎藤の様々な著作のエッセンスが『新自修英文典』の中に盛り込まれている．この書の初版は『自修英文典』として 1913 年に発行された．その後，1922 年に改訂され，『新自修英文典』として再発行された．さらに，戦後 1963 年に毛利可信による増訂版が発行され，多くの受験生に読まれた．その後，しばらく絶版の状態が続いたが，2008 年に研究社より復刻版が出ている．その復刻版（1963: 132）では次のような例文を使って説明がなされている．

(29)　This is the same watch as I lost.
　　　（これは私がなくしたのと同じ型の時計だ）
(30)　This is the same watch that I lost.
　　　（これは私がなくした時計だ）

この訳文を見ると，山崎貞の『新自修英文典』と『斎藤中英和』の説明とは，ほぼ同じであることがわかる．[4]

　それ以降，多くの学習参考書が『斎藤中英和』の説明を取り入れている．たとえば，青木・伊藤（1961: 386）は『新自修英文典』とまったく同じ例文(29)，(30) を挙げて説明している．また，木村（1960: 158）も下記のように，ほぼ同様の例を挙げている．

(31)　the same watch as I lost
　　　（私がなくしたのと同じような時計）――同種
(32)　the same watch that I lost
　　　（私がなくしたその時計）――同一

　『斎藤中英和』が指摘した the same 〜 as と the same 〜 that の意味の差異は，それ以降の英和辞典にも大きな影響を与えている．たとえば，『研究

---

[4]　大村（1960: 197）によれば「山崎貞の著作『自修英文典』の如きは英文斎藤文法のそのままの翻訳書の如き観を与える程，斎藤文法の祖述に終始している」とのことである．

社中英和3』（1971）では，次のような例文を挙げて斎藤と同様の説明をしている．

(33)　I have the same watch as you have [as yours].
　　　（君と同じ時計を持っている）《同種》

(34)　the same watch that I lost（失くした時計）《同一》

『斎藤中英和』以降，多くの英和辞典は，the same ～ as と the same ～ that に上記のような差異があると指摘してきた．

　ただし，この同種と同一の差異は厳密なものではない．『研究社中英和』も第5版（1985）から，「as は同種の時で that は同一の時とされているが，厳密な区別はない」という説明に変わっている．『アンカー2』（1981），『ジーニアス5』（2014）なども，同様の説明をしている．

　学習参考書では，江川（1991: 61）がこの「同一種類」と「同一物」の区別は実際の英語には当てはまらないことを指摘している．また，高梨（1973: 221）も必ずしも厳密に区別できないと言っている．

　このように説明が変化したのはなぜだろうか．語法研究が進んだこともあろうが，最も大きいのは Jespersen の影響であるように考えられる．Jespersen（1909–1949）の A Modern English Grammar の第3巻（pp. 169–170）で，the same ～ as と the same ～ that の間に厳密な区別はないと指摘しているからである．Jespersen のこの説明に，我が国の英和辞典も従ったものと推測される．

　the same ～ as と the same ～ that の間に厳密な差異はないが，頻度の差はある．Burchfield（1996: 687）によれば，（35）のように，the same ～ that あるいは関係代名詞が省略される場合の方が，the same ～ as より頻度は低いとのことである．

(35)　It's the same textbook (that) I used when I was an undergraduate.

the same ～ as の頻度が高いと考えられる理由は，それが定型表現化しているためと考えられる（Biber et al. (1999: 1018))．

3.10.　not any と no

『斎藤中英和』では，以下の例文（36），（37）を挙げて，「"not any" は "no" より語気強し」と注釈を付けている．「語気」とは「言葉の調子」の意味であるから，「"not any" は "no" より否定の意味が強い」と，斎藤は言うわけである．

(36)　I do not want any money.（金は（少しも）要らぬ）

(37)　I want no money.

斎藤のこの指摘を受けて，その後に出た学習参考書では not any のほうが no よりも意味が強いと書いてあるものが多い．たとえば，高梨（1970: 46）では，次のように説明されている．

(38)　I have no money.（これがふつう）

(39)　I have not any money.（強意）

(40)　I have not money.（まれ）

学習英文法の参考書である高梨（1970）では，斎藤の説明通り，not any のほうが no より強意，つまり語気が強いと説明している．『研究社中英和 3』(1971) では，「have, there [here] is のあとでは《口語》でも通例 no（…）を用い，There isn't any book there./ He hasn't any brothers のように言うのは強意的」と説明している．

　この斎藤の not any と no の差異の説明は正しいであろうか．最近の辞書を調べてみると，斎藤とはまったく逆のことが書かれている．たとえば，『ユース・プログレッシブ』では「not … any は no に書き換えられる．no を用いる方が強意的」として，次の例を挙げている．

(41)　She doesn't have any brothers.

(42)　She has no brothers.

『ジーニアス 5』でも，同様に，「両者は交換できるが，no のほうが否定の

意味が強い」と説明している。[5]

　このことは,『斎藤中英和』に書いてあることと同様の内容を,当初は無批判に学習参考書や辞書に掲載することが,第2次世界大戦後のある時期まで続いたことを示している。それほど,斎藤の著作,なかでも『斎藤中英和』の後世に与えた影響は大きかったのである。[6]

4.　おわりに

　本稿では,『斎藤中英和』の中で扱われている多くの語法・文法事項の中で,10項目を取り上げ検討した。その結果,『斎藤中英和』の中で扱われている語法・文法事項はCODやOEDを参考にしている場合もあるが,多くは斎藤独自の考え方であることが明らかになった。『斎藤中英和』が指摘した多くの語法・文法に関する見方は,弟子の山崎貞の『新自修英文典』をはじめとする学習参考書を経由して,戦後に出版された多くの学習参考書へと受け継がれてゆく。また,『斎藤中英和』は,その後の英和辞典の原型と言ってよいものであり,戦後に出版された多くの英和辞典が『斎藤中英和』を基に作られていることも論じた。

参考文献

青木常雄・伊藤健三（1961）『英文法精義』培風館,東京.

Biber, Douglas, Stig Johansson, Geoffrey Leech, Susan Conrad and Edward Finegan (1999) *Longman Grammar of Spoken and Written English*, Pearson, London.

Burchfield, Robert W. (1996) *Fowler's Modern English Usage*, 3rd ed., Oxford University Press, Oxford.

Close, Reginald A. (1975) *A Reference Grammar for Students of English,* Longman, London.

---

[5] not any と no の意味的差異に関しては,神崎（1978）を参照されたい.

[6] 『斎藤中英和』の後世に与えた影響がいかに大きかったかについては,八木（2006, 2016）に詳しく書かれてある.

江川泰一郎（1964, 1991）『英文法解説』金子書房，東京.

Hofmann, Ronald T. (1966) "Past Tense Replacement and the Modal System," Report NSF-17 of the Aiken Computation Laboratory, Harvard University. [In James D. McCawley, ed. (1976) *Syntax and Semantics*, vol. 7, 85–100, Academic Press, New York.]

Jespersen, Otto. (1909–1949) *A Modern English Grammar on Historical Principles*, 7 vols, George Allen & Unwin, London.

神崎高明（1978）「否定要素編入変形の条件」『英米文学』（関西学院大学）第33巻1号，56–71.

神崎高明（2018）「『熟語本位英和中辞典』の語法と文法」『言語と文化』（関西学院大学言語教育研究センター紀要）第21号，1–12.

木村明（1960）『英文法精解』培風館，東京.

小寺茂明（2001）『デュアルスコープ総合英語』数研出版，東京.

大村喜吉（1960）『斎藤秀三郎伝』吾妻書房，東京.

Saito, Hidesaburo (1898–1899) *Practical English Grammar*, 4 vols, Kobunsha, Tokyo.

Swan, Michael (2005) *Practical English Usage*, 3rd ed., Oxford University Press, Oxford.

高梨健吉（1970）『総解英文法』美誠社，京都.

高梨健吉（1973）『高校生の基礎からの英語』美誠社，京都.

八木克正（2006）『英和辞典の研究』開拓社，東京.

八木克正（2016）『斎藤さんの英和中辞典』岩波書店，東京.

山崎貞（増訂・毛利可信）（1963）『新自修英文典』研究社，東京.

辞書

『アンカー2』：柴田徹士（編）『アンカー英和辞典』（第2版）（1981）学習研究社.

COD: Fowler, Henry W. and Francis G. Fowler (1911) *The Concise Oxford Dictionary*, Oxford University Press.

Evans: Evans, Bergen. and Cornelia Evans (1957) *A Dictionary of Contemporary American Usage*, Random House.

『井上英和』：井上十吉（編）『井上英和大辞典』（1915）至誠堂.

『入江英和』：入江祝衛（編）『詳解英和辞典』（1912）博育堂.

『ジーニアス2』：小西友七（編）『ジーニアス英和辞典』（第2版）（1994）大修館書店.

『ジーニアス5』：南出康世（編）『ジーニアス英和辞典』（第5版）（2014）大修館書店.

『研究社中英和3』：岩崎民平（他）（編）『新英和中辞典』（第3版）（1971）研究社.

『研究社中英和5』：小稲義男（他）（編）『新英和中辞典』（第5版）（1985）研究社.

『研究社中英和6』：竹林滋（他）（編）『新英和中辞典』（第6版）（1994）研究社.

OED: Murray, James et al. (eds.) (1888–1928) *The Oxford English Dictionary*,

Oxford University Press.

『斎藤中英和』: 斎藤秀三郎（編）『熟語本位英和中辞典』（1915）日英社.

『ウィズダム 3』: 井上永幸・赤野一郎（編）『ウィズダム英和辞典』（第 3 版）（2013）三省堂.

『ユース・プログレッシブ』: 八木克正（編）『ユース・プログレッシブ英和辞典』（2004）小学館.

第 **II** 部

構文研究

第 1 章

common タイプ形容詞と
It is Adj. that 節 / It is Adj. (for X) to V の
パタンの親和性について[*]

住吉　誠

関西学院大学

1. はじめに

　be Adj. that 節 / It is Adj. to V / be Adj. V-ing といった，形容詞がとる統語構造を形容詞の「パタン」と呼ぶ（八木 (1999)，Francis et al. (1998)）.[1] それぞれの形容詞は典型的にとるパタンを持つが，一部の形容詞についてはどのパタンをとるのか決めかねることがある（八木 (1999: 149)）. 形容詞のパタン選択に関わる判断の難しさは英語母語話者にとっても例外ではない.

(1) Other word classes, such as adjectives, are much less stable in their patterning. [... *so it is subtle of you to memorialise poor Stephen Spender with his most famous bad poem.* の実例を提示した後で] [T]his pattern with the adjective *subtle* is very rare indeed; a native speaker might find it ill-formed, and no lexicographer would wish to record this as part of the description of *subtle*.
(Hunston (2014: 101f.))（下線は筆者，以下同じ）

　[*] 本章は，関西英語語法文法研究会第 39 回例会（2019 年 12 月 14 日，於：関西学院大学）において発表した内容を発展させたものである. なお，本章は科研費基盤 (C)（課題番号：17K02833）「統語的融合とフレーズ化にもとづく英語の柔軟性・変則性を示す表現・構文の実証的研究」および（課題番号：20K00673）「英語の脱規範性・変則性を生み出す力を解明するためのフレイジオロジー的実証研究」の助成を受けている.
　[1] 本稿のパタン表示における Adj. は形容詞を表す.

個々の形容詞がとるパタンはさまざまな文献でリストされてきたが，意見の相違が見られるのはよくあることである．その理由のひとつに，ある形容詞パタンの出現頻度がどれほどであれば典型的であるかという判断は一律に下せるものではないということがある．また，上記の Hunston が言うように，実例が存在したとしても母語話者でさえその意外性に戸惑う場合がある．

　本章では common および同義の形容詞がとるパタンを実証的に考察する．調査のきっかけは，英和辞典の common のパタン記述と実例の齟齬に気づいたことにある．英和辞典の中には，It is common that 節のパタンを不可ないしは非標準と判断し，It is common to V のみを正用と認めるものがある．[2] しかしながら It is common that 節の実例は観察される．

(2)　It is common that in most households the grand parents will seat the children around the fire and tell stories …

(Voice of America, October 27, 2009)

(3)　The chamber said it was common that one of three 16-seat Trislander aircraft operated in and out of the island by Aurigny, was out of action every day.　　(BBC, 29 September 2014)

(4)　"Violence against women is at its most extreme in murder, but it is more common that women are injured either physically or emotionally in their own home," said Associate Prof Ruth Phillips, …

(BBC, 22 January 2019)

ここでは，common, usual といった形容詞（本章では common タイプ形容詞と呼ぶ）が It is Adj. that 節/It is Adj. for X to V というパタンにどれほど生じるかを実証的に考察し，その親和性の違いやそれぞれのパタン選択の理由を考えてみよう．

　本章で common タイプ形容詞に含めるのは以下の形容詞である．

---

　[2]　該当する記述は，かなり以前に出版されたものも含め，いくつかの英和辞典に見られる．特定の記述のみを取り上げて，当該の英和辞典全体を批判していると捉えられることは本意ではないので，具体的な名前を挙げることは差し控える．英和辞典の記述に端を発し，英語語法文法の深い理解につながる考察が可能であることを示すだけで十分であろう．

(5)　common タイプ形容詞：(un)common, rare, (un)usual

一度にすべての common タイプの形容詞を扱うことは難しいので，最初に common について考察し，その後で他の形容詞を検討する．

2.　common とそのパタンについての先行研究

Mindt (2011) は be sure that 節 / It is likely that 節といった that 節のパタンをとる形容詞についての実証的研究であるが，British National Corpus World Edition でこれらのパタンをとった頻度の高い 51 の形容詞を考察対象としている (p. 13)．この 51 語は 'adjective + *that*_CJT'（CJT は接続詞のこと）という検索パタンでヒットした，that 節をとる形容詞の 75% を占めているという．その中に common タイプの形容詞は含まれない．[3] 本章で common タイプの形容詞パタンを扱う意味もあろうかと思う．

2.1.　It is common that 節に関する見解

まず，一部の英和辞典にみられる It is common that 節のパタンを不可ないしは非標準とする見解の典拠がどこにあるのかを確認しておこう．筆者が遡ることができた最も古い文献は，Heaton and Turton (1987) である．[4] そこでは Nowadays it is common that women go out to work. は不可で，… it is common for women to go … が正しいとされている．この判断は同書の改訂版にも引き継がれている（表記や太字は原典ママ，以下同じ．✓

---

[3] Mindt のコーパスにもとづく研究は興味を惹かれるところも多いが，the pain is so great that it brings … といったような，相関構文 so X that … も形容詞のとる that 節のパタンと考えているところに問題がある（詳細は当該書の第 6 章参照）．この理屈を通せば He ran so fast that he was … といった形から fast が that 節をとる副詞であるという誤った主張をすることも可能になってしまうだろう．いずれにせよ Mindt のような研究では，ひとつの形容詞を取り上げて掘り下げた考察を行うということはほとんどない．個別の形容詞とその振る舞いにもっと目を向けるべきであろう．

[4] 1980 年に出版されたある英和辞典に，It is common that … は不可という判断が掲載されている．ゆえに，典拠となるもっと古い文献があるはずであるが，筆者が追うことができた最古のものは Heaton and Turton (1987) であった．

マークは正用法を示す).

(6)　×In Spain it is common that people turn up at your house without
　　warning.

　　✓In Spain it is common for people to turn up at your house with-
　　out warning.

　　it is common+for sb to do sth (NOT **that**): 'It's quite com-
　　mon for new fathers to feel jealous for the first few weeks.'

(Turton and Heaton (1996: 75))

　また, *Collins COBUILD English Usage* (1992, s.v. *common*) も同じ見
解をとっており, (7) の記述は, 同書の最新第 4 版 (2019) まで挙げられて
いる.

(7)　You do not use a 'that'-clause after **common**. You do not say,
　　for example, 'It is quite common that motorists fall asleep while
　　driving'. You say 'It is quite common **for motorists to fall
　　asleep** while driving'.

　学習英英辞典では, *Longman Dictionary of Contemporary English* の第
4 版 (2003) から common の項に同趣旨の注記が追加された. また, 瀬戸
(編) (2007, s.v. *common*) でも「It is common that ... はまれ」との記述が
見える.
　以上のような文献に見られる判断が, 英和辞典の記述に直接間接に影響を
与えたことは想像に難くない.

2.2.　common がとるパタンについての記述

　形容詞パタンを扱った文献を見ると, common のパタンについては簡単
に判断が下せない現実がある. 紙幅の関係ですべての記述を詳細に引用する
ことは叶わないので, それらの記述を簡潔にまとめてみよう. 検討したの
は, 大沼 (1968), 安井・秋山・中村 (1976), Declerck (1991), Francis
et al. (1998), Herbst et al. (2004), Dixon (2005), Benson et al. (2009)

である.

　common が It is Adj. that 節 / It is Adj. (for X) to V の両方のパタンを
とるとするものは, 大沼 (1968: 70ff.), Francis et al. (1998: 483, 500),
Herbst et al. (2004, s.v. *common*), Dixon (2005: 84ff.) である.

　Benson et al. (2009, s.v. *common*), Declerck (1991: 481) は不定詞の
パタンのみを掲載する.

　安井・秋山・中村 (1976: 220) は, 大沼 (1968) のリストを修正したも
のであるが, 大沼 (1968) で言及のあった common が削除されており,
common がどのような形容詞パタンをとるかが判断できなくなっている.

　このように, common のパタンについての記述はまちまちで, 文献調査
だけでは判断がつきかねるのが現状である. コーパスにもとづく文献では
that 節と不定詞のパタンの両方を認めるという傾向が強い. また, that 節だ
けを認めるものはなく, to 不定詞のみを認めるものがあることから判断す
れば, 確かに It is common (for X) to V のパタンが典型的であるとは言え
るだろう.

3.　common のとるパタンについての実証的考察

　前節でみたような文献の記述は参考にはなるが, common とパタンの関
係を明らかにするには不十分である. ここでは Corpus of Contemporary
American English (COCA) を使用して, common とそれぞれのパタンの
親和性および common のそれぞれのパタンの本質を考えてみよう. なお,
COCA の検索結果については 2019 年 12 月 7 日時点のものである.

3.1.　頻度と実例

　まずは It is common to V / It is common that 節のそれぞれのパタンにつ
いて大まかな頻度を確認しておく. COCA で it [be] common to / it [be]
common that 節の形を検索すると, 前者が 279 例, 後者が 13 例であり,

that 節のパタンの頻度が極端に低いことは確かである.[5] 実例を挙げておく.

(8) a. It is common to talk about one's life as a book.　(COCA)

　　b. It was common to hear people address lawyers as "colonel," …

　　　　　　　　　　　　　　　　　　　　　　　　　　　　(COCA)

(9) a. But authorities say it's common that police do not have the time or money to pursue people wanted … (COCA)

　　b. In the gatherings, it is common that the participants are people who have never read a book and … (COCA)

3.2.　common の意味的段階性

そもそも当該のパタンに現れる common はどういう意味であろうか. 文献や辞典では「… はよくある」という頻度・数量を表す日本語に対応させることが多いようであるが, 改めて common の持つ意味を確認してみよう.

(10) a. He had found common ground with me at last.

　　　　　　　　　　　　　　　(Brent Hartinger, *Double Feature*)

　　 b. common ancestry　(COCA)

(11)　people with common names (John, Robert, Susan)　(COCA)

これらの common はすべて,「他者またはある集団に属する人々と何かを共有して」という意味を表している. 共有される何かは共起する名詞で示される. 例えば common ancestry は複数の家系に共有された祖先のことを言うし, common names は集団の中で多くの人に共有されている名前を表す.

(10a) (10b) は日本語の「共有して, 共通の」の意味に対応するが, 頻度・数量的解釈の「よく」に対応させることは不可能である. しかし, (11) になると「よくある名前」のような解釈が可能である. これは, 複数の人にあ

---

　[5] [be] は be の変化形を拾い上げるので it is / it's / it was common の形がヒットする. こ
こでの議論と関係のない例は省いている. It is common for X to V の形は含めていない.
この形については 3.5 節で取り上げる.

る名前が共有されれば，その名前を持った人が多くなるし，その人たちに遭遇する頻度も増えるためであると考えられる．このような状況では「共有」の意味が「頻度・数量」の意味へと拡大する．次例でもこのような曖昧性が見られる．

(12)　The most common reason for a substation's breakers to pop is either a short circuit or unusually high demand at peak time …

(Jeffrey Deaver, The Burning Wire)

ここでは，ブレーカーが落ちる事象に共通する理由という解釈も可能であるし，ブレーカーが落ちる時に頻繁に見られる理由という解釈も可能であろう．「ブレーカーが落ちる共通した原因に／よくある理由に」ということである．

(13)　a.　There are three common mistakes women make when choosing an individual who cheats.　　　(COCA)

　　　b.　One of the most common mistakes that people make is to place the filter/dryer too close to the compressor.　　(COCA)

(14)　a.　This is a common tragedy that befalls nearly nine of every ten households in America.　　　(COCA)

　　　b.　a common tragedy repeatedly occuring (sic.) in many special city neighborhoods across America　　　(COCA)

(13a) は「女性がよくやる 3 つの間違い」または「女性に共通する 3 つの間違い」と解釈しても問題ないが，(13b) においては most がついていることからも理解できるように，common は頻度の意味を表し「人々がもっとも頻繁にやってしまう間違いのひとつ」ということである．ここでは most は共有の度合いを高めているのではなく，頻度を高める働きをする．(14a) においても後続する that の関係節からわかるように「10 世帯のほぼ 9 世帯に起こるよくある悲劇」で，数量の意味であるし，(14b) は repeatedly が示すように common は頻度の意味で「何度も起こるよくある悲劇」と解釈できる．

　このように，common は「集団の成員に共通の」という意味から「同じようなことが何度も起こる」という意味まで段階性を持つことがわかる．この意味的段階性を，上でみた表現と対応させて日本語との関係でとらえると次の図 1 のようになるであろう．[6] 真ん中に位置するような表現は，文脈により「共通」の意味にも「頻度・数量」の意味にも解釈できる．

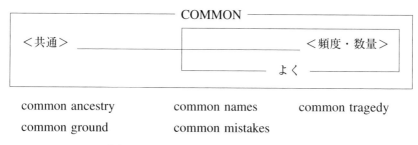

図 1：common の意味と対応する表現

　Carlson (1980) は，種類を表す英語の名詞句を考察したものであるが，その中に次のような判断が挙げられている (p. 205)．

(15)　a.　This animal is extremely common.

　　　b. ?This mallard is extremely common.

(15a) は This animal が種類を意味するものとして解釈できるので，common と表現することは問題ない（「この種の動物はよく見られる」）．This animal はさらに下位分類を想定でき，種類を読み込めるからである．ある種に属する動物と何度も遭遇するというのは自然な状況である．一方，This mallard（このマガモ）は下位分類が想定しにくいので common とは言いにくい．つまり，This mallard は具体的な特定の一匹のマガモを指すので，

---

　[6] 図 1 は本章の議論と関係する部分で考えたものであり，より一般的な common の多義性については瀬戸（編）(2007, s.v. common) が参考になる．瀬戸（編）はメタファーにもとづく意味の展開を示しているが，図 1 は common の個々のコロケーションと意味解釈の対応を示したものであるので，必ずしもメタファーによる意味の展開を前提とするものではない．ゆえに，同じ It is common … のパタンでも頻度・数量寄りの解釈になる場合もあれば，共通読みに近づくこともあるのは本章の議論で示す通りである．

「特定のこのマガモによく遭遇する」という状況が考えにくいのである．Carlson は名詞句が種類読みできるかどうかということを議論しているが，その読みに対応して common の「何度も」という頻度的な意味が関与する．主語の意味特徴と common の意味特徴の親和性の度合いが（15）の容認度の違いとして現れると考えてよいだろう．これは，図 1 で示した common の意味特徴の妥当性を示す．

3.3.　It is common to V の検証

　では前節で述べた common の意味的段階性も勘案しながら，具体的にそれぞれのパタンを考察してみよう．まず It is common to V のパタンを考える．

　COCA の検索で，この不定詞の V 位置に現れる動詞の上位 10 位までを挙げる．[7] かっこの中の数字は頻度を表す：it is common to see（23）/ it's common to see（20）/ it was common to see（17）/ it is common to find（17）/ it is common to hear（12）/ it's common to have（11）/ it's common to find（9）/ it was common to hear（9）/ it was common to think（9）/ it was common to find（7）．

　このパタンに高頻度で生じる see, find, hear, think といった動詞は，Quirk et al.（1985: 202）が，「私的動詞」（private verbs）と呼ぶものであり，客観的にその行為が行われていることを外から観察できない，思考，意図，態度などを表す（例：know, believe; intend, wish; see, hear, feel; hurt, ache 等）．このような行為は本人のみがそれを行っているとわかるもの（subjectively verified）であり，集団の成員に共有される行為とはみなしにくい．したがって，It is common to V は，そのような行為が何度もあるという頻度・数量的解釈をするのが妥当であると言える．例えば（16）の COCA の例では，「プロライダーが街の通りをぐるぐる回っているのをよく見かける」ということであり，そのような事態を見る行為が多くの人に共有されているということではなく「何度も何度もそれが見られる，そういうこ

---

[7] 検索は it [be] common to [v] で行った．[v] は一般動詞を拾い上げる検索タグである．

とが多い」ということである.

 (16) <u>It's common to see</u> pro-circuit riders cruising the town's laid-back
   streets.   (COCA)

3.4.　It is common that 節の検証

 3.1. 節で見たように It is common that 節のパタンは COCA では 13 例しか現れない. that 節の中に生じる動詞をあげる: do not have / took place / is taught / are / do not occur / sit / take the bus / can't feel / build / get / are unaware / was / have. 不定詞と違って, 多様な表現が使用されている.

 また, that 節の中の主語をみると, 以下のようなものである: police / child-parent and sibling-sibling exchanges / only one method / the participants / identification / they / Morgan and her brother / some people / collaboration partners / they / parents / the first thing they established / medical centers. 注目すべきは, 複数を表す名詞がほとんどであるということである. つまり It is common that 節は, that 節で示される事態が, 主語で示される集団に共有されているということを表す傾向が強い. また, that 節内の主語が無冠詞の総称的表現である場合, ある類に共有された事態を示していることがわかる. つまり, common の「共有」の意味が色濃く出ている.

 1 節で見た (2) や (4) の It is common that 節の例でも, 特定の祖父母が暖炉の周りに座って子供に読み聞かせをすることが頻繁に起こるということではなく, そのような行為が祖父母に共有される一般的・典型的な行為であること, 自宅で暴力にあうのは女性に共通して見られることを言っている. 一方で, (3) のように that 節内に数 (one of three や every day) を意識する表現が使われると, 「よくある」の頻度読みが適切なので, 必ずしもパタンの意味的な使いわけが明確に意識されている場合ばかりではないが, 不定詞と that 節のパタンの意味的特徴はここで述べたようなものと考えてよい. (9) においても, 警察が指名手配犯を追う時間も財政的余裕もないのは一般的であること, 参加者は読書もしないような人たちであるのが一般的であることを述べている.

3.5.　It is common for X to V の検証

3.3. 節で for 句のない形を検討したが, it is common for X to V の場合はまた違った振る舞いを見せる. COCA で it is common for の形を検索し, 本章の議論と関係のない例を省くと 180 例が得られる.[8] それらを検討してみよう.

(17) a.　In some medical specialties, it is common for the professional association or academy to publish accepted practice guide-lines.　(COCA)

　　 b.　It is common for the controller to use your fight or flight response for the first of these options.　(COCA)

(18) a.　… it is common for siblings to either be unaware of the abuse of their sibling, not acknowledge it …　(COCA)

　　 b.　It is common for health-care information to be complex, heterogeneous, incomplete, and inconsistent …　(COCA)

一般的な傾向として, (17) のように for 句に立つ名詞句が限定されている場合, 基本的には頻度・数量読みで「よくある」事態を表す. (17a) では学術組織がよく行う行為, (17b) では管制官がよく行う行為である.

　一方, (18) のように無冠詞複数名詞や不可算名詞が for 句に立つ場合, その集団の成員に事態が共有されているという意味で総称を表すことがわかる. (18) の例では「兄 (弟) や姉 (妹) が暴力を受けているのに, きょうだいが気づかないことが頻繁に起こる」というよりも「そういういったことにきょうだいは気づかないものだ」という意味である. (18b) でも「健康管理に関わる情報が複雑なことが頻繁に起こる」ではなく, 「健康管理に関わる情報というのは複雑なものだ」という総称の意味である. (18) のような場合 to 不定詞に生じる動詞は, It is common to V の場合と異なり多種多様であるが, それも総称的事態を表すためである.

　(19) はここで述べた特徴をすべて備えている. to V には use という私的

---

[8] ここでは is の形に限定して検索した.

動詞以外の動詞が生じ，for X には無冠詞複数名詞が立つ．述べられている
のは，「幼児とのふれあいの中で大人は赤ちゃん言葉で話す」ということで
あるが，これは大人が何度もそうするという頻度的な解釈ではなく，大人は
幼児との触れ合いの中でそうするものだという，大人という集団に共有され
る典型的事態を示している．

(19)　It is common for adults to use "baby talk" when interacting with
　　　very young children. This way of speaking attempts to copy the
　　　sounds babies make when they first try to talk.

(Voice of America, January 29, 2019)

　また COCA の例を仔細に検討すると，以下のような例では「よく起こる」
という頻度・数量読みがより適切であることがわかる．「痛みが同時に起こ
る」「家族の数名がプロジェクトに参加する」「列車が繁みの中で止まってし
まう」「足の形が変わる」といったことは明らかに総称ではなく個別の事態
であり，そのような事態が繰り返し起こるという読みしか意味をなさないで
あろう．

(20)　a.　… it is common for both types of pain to be present simulta-
　　　　　 neously, …　　　　　　　　　　　　　　　　　　(COCA)

　　　b.　… it is common for more than one member of a family to
　　　　　 belong to the project.　　　　　　　　　　　　　(COCA)

　　　c.　But at other times it is common for the train to halt seemingly
　　　　　 in the middle of dense bush …　　　　　　　　　(COCA)

　　　e.　… it is common for a foot to change its shape drastically
　　　　　 once weight is placed on it.　　　　　　　　　　(COCA)

3.6.　It is common to V / It is common for X to V / It is common that 節の本質

このように見てくると common のそれぞれのパタンの本質が見えてくる．
まず，安井・秋山・中村（1976: 223）が述べるように「不定詞補文と共

起しうる形容詞は，主観的判断を表すもの，例えば事の善悪の判断を表すもの，感情的判断を表すもの，欲求，必要性などの主観的判断を表す形容詞など」が一般的である．この意味特徴では common タイプの形容詞の表す意味が言及されていないが，共有される事態にしろ，何度も起こる事態にしろ，それらの典型性や頻度・数量の多さを判断するのに客観的な基準があるわけではない．典型的かどうか，頻度が高いかどうかは基本的には主観的な判断である．これが It is common (for X) to V がふつうであることの意味的理由である．

It is common to V のパタンについては，V に来るのは私的動詞が多い．私的動詞が表す内的な行為は複数の人間に共有されるとみなしにくいため，個々人の経験を「よくある」という頻度・数量的意味で表す傾向がある．

一方，It is common for X to V においては，基本的に X が V を何度も行うという頻度・数量読みで「よくある」の意味を表すが，X に無冠詞複数名詞などが生じると，ある事態が集団の成員に共有されているという総称読みを表す傾向にある．このような common の意味が段階的であるのは，common の共起関係にもとづいて図 1 で示した通りである．

最後に It is common that 節においては，ある事態が集団の成員に共有されているという総称の読みを意味する．このパタンの使用頻度が少ない理由は，上で述べたように common が意味的に to 不定詞と親和性を持つこと，またこの that 節のパタンの意味は，より典型的な It is common for X to V で十分に表わすことができるためであると考えられる．

このようなパタン間の意味的相違は常に画然と意識されているわけではないが，大まかな傾向としてそれぞれのパタンの表す典型的な意味が存在すると考えられるだろう．[9]

---

[9] ここではパタンの通時的な考察を行う余裕はないが，試みに The Corpus of Late Modern English Text Extended Version (CLMETEV)（拡充前の 500 万語）を検索すると，to 不定詞のパタンを含め，本章で扱ったパタンはわずかしか確認できない．通時的なパタンの変容も興味あるところである．CLMET の詳細は De Smet (2005) を参照．

4.　その他の common タイプのパタンの検証

4.1.　uncommon

大沼（1968: 70ff.）は，It is uncommon to V／It is uncommon that 節の両方を認めるが，Francis et al.（1998: 500），Herbst et al.（2004, s.v. *uncommon*），Benson et al.（2009, s.v. *uncommon*）は不定詞のパタンのみを挙げる．

COCA の調査では it [be] uncommon (for X) to V が 36 例，It [be] uncommon that 節が 1 例であり，不定詞のパタンが典型であることがわかる．

また興味深いことに，common 同様，It is uncommon to V の場合，V に現れるのは私的動詞であることがほとんどであるが，It is uncommon for X to V の場合には V に多様な動詞が生じている．基本的に It is uncommon (for X) to V／It is uncommon that 節は，It is common (for X) to V／It is common that 節の特徴を受け継ぐと言えるだろう．

(20)　It is uncommon to see it twice.　　　　　　　　　　　　(COCA)

(21)　… in an era when it was uncommon for men to do such things.
　　　　　　　　　　　　　　　　　　　　　　　　　　　　(COCA)

(22)　Second, it is uncommon that managers are removed and replaced from managing the fund during this period, …　　(COCA)

4.2.　rare

rare については，大沼（1968: 70ff.），Herbst et al.（2004, s.v. *rare*），Benson et al.（2009, s.v. *rare*）は不定詞のパタンと that 節のパタンの両方を認めている．Herbst et al. は不定詞のパタンに frequent と頻度指示を与えている．Francis et al.（1998）は It is rare (for X) to V のパタンのみを認める．

では COCA ではどうであろうか．それぞれのパタンの頻度は，it [be] rare to V (177)，it [be] rare for X to V (202)，it [be] rare that (225) である．to 不定詞と that 節のパタンが 2 対 1 ほどの割合なので，取り立てて

that 節が少ないということでもない．この点 rare は common とはパタンの分布傾向が異なる．

　it [be] rare to [v] の検索で v に現れる動詞上位 10 を見ると，it's rare to find (37) / it is rare to find (24) / it is rare to see (19) / it was rare to see (18) / it's rare to see (17) / it's rare to hear (7) / it's rare to have (7) / it's rare to get (7) / it is rare to encounter (3) となり，やはり私的動詞が突出して使用されることがわかる．

　それぞれのパタンの例を挙げる．以下はすべて COCA からのものである．

(23)　It's rare to see such a strong effect.　　　　　　　　(COCA)

(24)　a.　It's rare for [the museum] to show the work of any living Cleveland artist …　　　　　　　　　　　　　　　(COCA)

　　　b.　It's rare for [a father and son] to serve in the same Army unit.

(25)　It is rare that [defensive players] even get a vote.　　　(COCA)

It is rare for X to V のパタンで V に多彩な動詞が生じているのは common の場合と変わらない．that 節の場合も動詞の多様性が同じように見られる．

(26)　a.　… it is rare that [it] is really appreciated in the early years of womanhood …　　　　　　　　　　　　　　　(COCA)

　　　b.　… it's very rare that [we] do get a refusal.　　　　　(COCA)

　　　c.　It's pretty rare that [a government] goes three times over budget …　　　　　　　　　　　　　　　　　　(COCA)

　rare のパタンに特徴的なのは，他の common タイプの形容詞に比べ that 節のパタンの例が多く見られるということである．これについては，rare が uncommon や unusual より高い頻度で使用されること,[10]「よくある」の基準は客観的に示しにくいが，「めったにない」という否定の頻度については，ゼロに近ければそう言えるので，客観的下限基準が想定しやすいことが

---

[10] COCA の単純な検索でも，uncommon (4,282), unusual (24,382), rare (28,683) で〔る〕．

あるだろう.

4.3.　(un)usual

　ここでは usual と unusual をまとめて扱う. まず usual をみよう. Turton and Heaton (1996: 346) や *Collins COBUILD English Usage*, 4th edition (s.v. *usual-usually*) では, 不定詞のパタンを認め, that 節を不可とする. 確かに COCA で usual のパタンを調査すると it [be] usual to V (12) / it [be] usual for X to V (15) / it [be] usual that (0) となり, that 節のパタンは確認できない. 基本的に usual は It is Adj. (for X) to V のパタンと親和性を持つ.

　一方で, Herbst et al. (2004, s.v. *usual*) では, that 節のパタンはまれ (rare) としながらも It is usual in these instances that once such a lie has been exposed neither the police, the accuser or White media make any attempt ... といった実例を挙げているし, Dixon (2005: 84ff.) も usual に that 節のパタンを認める. to 不定詞は, Francis et al. (1998: 500) をはじめとして調査したすべての文献において認められている.

　興味深いのは usual よりも unusual において不定詞のパタンの頻度が高いことである. COCA での頻度は, it [be] unusual to V (100) / it [be] unusual for X to V (177) / it [be] unusual that (40) である. さらに it [be] not unusual to V (276) / it [be] not unusual for X to V (575) / it [be] not unusual that (26) で, unusual は否定形で生じやすいことがわかる. このような事実から, 単独の (un)usual とパタンの親和性の問題という範疇を超えて, It is not unusual (for X) to V の形でより定型化していると言える.[11]

---

[11] 1965 年にリリースされた Tom Jones の歌のタイトルに It is not unusual to be loved by anyone. というものがある (友繁義典先生のご教示による).

5.　おわりに

　本章では common タイプの形容詞，特に common について詳しく論じた．common の持つ「共有」と「頻度・数量」の意味と It is Adj. that 節 / It is Adj. (for X) to V のパタンが相関して複雑な実態を作り出している．語とパタンの親和性は段階的典型性の尺度で理解すべきものであり，デジタル的に 0 か 1 かで決定できるものではないことが明らかになった．紙幅の関係で，common 以外の形容詞については実例を示すことが中心となったので，さらに詳細な検討は別の機会に譲りたいと思う．

　形容詞パタンの可否判断の難しさは英語母語話者とて例外ではないのはすでに述べた．Benson et al. (2009, s.v. *dangerous*) では，形容詞 dangerous が It is Adj. that 節のパタンを取ることが示されている（例：It's dangerous that so many children play in the street.）．英和辞典は概してこの dangerous のパタンに否定的である．ここでも意見の食い違いが見られるが，このようなことは形容詞パタンに関わる判断の難しさを示すと同時に，個別の形容詞とパタンの親和性については依然として検討すべきことが多いことを示している．

参考文献

Benson, Morton, Evelyn Benson and Robert Ilson (2009) *The BBI Combinatory Dictionary of English: Your Guide to Collocations and Grammar*, 3rd ed., revised by Robert Ilson, John Benjamins, Amsterdam / Philadelphia.

Carlson, Greg N. (1980) *Reference to Kinds in English*, Garland, New York.

Declerck, Renaat (1991) *A Comprehensive Descriptive Grammar of English*, Kaitakusha, Tokyo.

De Smet, Hendrik (2005) "A Corpus of Late Modern English Texts," *ICAME-Journal* 29, 69–82.

Dixon, Robert M.W. (2005) *A Semantic Approach to English Grammar*, Oxford University Press, Oxford.

Francis, Gill, Susan Hunston and Elizabeth Manning (1998) *Collins COBUILD Grammar Patterns 2: Nouns and Adjectives*, HarperCollins, London.

Heaton, Brian J. and Nigel D. Turton (1987) *Longman Dictionary of Common Errors*, Longman, London.

Herbst, Thomas, David Heath, Ian F. Roe and Dieter Götz (2004) *A Valency Dictionary of English*, Mouton, Berlin.

Hunston, Susan (2014) "Pattern Grammar in Context," *Constructions Collocations Patterns*, ed. by Thomas Herbst, Hans-Jörg Schmid and Susen Faulhaber, 99–119, Walter de Gruyter, Berlin/Boston.

Mindt, Ilka (2011) *Adjective Complementation: An Empirical Analysis of Adjectives Followed by That-clause*, Amsterdam, John Benjamins.

大沼雅彦 (1968)『性質・状態の言い方／比較表現』研究社，東京．

Quirk, Randolph, Sidney Greenbaum, Geoffrey Leech and Jan Svartvik (1985) *A Comprehensive Grammar of the English Language*, Longman, London.

瀬戸賢一（編）(2007)『英語多義ネットワーク辞典』小学館，東京．

Turton, Nigel D. and Brian J. Heaton (1996) *Longman Dictionary of Common Errors*, 2nd ed., Longman, London.

八木克正 (1999)『英語の文法と語法──意味からのアプローチ』研究社，東京．

安井稔・秋山怜・中村捷 (1975)『形容詞』研究社，東京．

辞書

Collins COBUILD English Usage, 1st edition (1992), 2nd edition (2004), 3rd edition (2011), 4th edition (2019), HarperCollins, London.

Longman Dictionary of Contemporary English, 4th edition (2003), 5th edition (2009), 6th edition (2014), Longman, London.

第 2 章

Before 節における過去完了形と過去形
─出来事の時間的構造の視点から─

傅　建良

関西学院大学

1.　はじめに

　過去完了形は単に時間軸からみると，過去に位置する参照時よりも過去の出来事，つまり「過去の過去」を表す複合時制であると言える．下記の (1c) では，主節の出来事 X (my seeing him) は，before 節の出来事 Y (his seeing me) に時間的に先行するので，過去完了形をとり，I had seen him → he saw me (X → Y) という時系列ができる．このように 2 つの過去の出来事がある場合，過去完了形は過去時制で表される時よりも古い時を表すのが標準的である．一方，(1b) のように，主節の出来事 X が before 節の出来事 Y に時間的に先行しているにもかかわらず，before 節において過去完了形が用いられている場合が問題となる．つまり，このような場合，時間的に出来事 X の方が before 節の出来事 Y よりも先行しているのに，主節では過去時制 (saw) が用いられ，before 節では過去完了形 (had seen) が用いられており，見た目では，出来事 X と出来事 Y の生起した時間関係が逆になっている．

(1) a.　I saw him before he saw me.

　　b.　I saw him before he had seen me.

　　c.　I had seen him before he saw me.

(Jespersen (1931: 82)，下線は筆者，以下同様)

このように一見矛盾しているように見える例（1c）の before 節における過去完了形については，Declerck（1979）の modal 用法，松村（1996: 103）の出来事を眺める視点の違い及び完了性，吉良（2018）の完了性などの視点からの先行研究がある．本研究では，先行研究を踏まえた上で，出来事の時間的構造及び出来事間の時間関係の視点から上記の謎を解きたい．具体的には，2 節では時間軸を使って時を表す before の意味を詳細に図示し，3 節では modal 用法を含む過去完了形の諸用法を時間軸で図形化することを試み，これらの時間的構造に基づき，4 節では before 節の出来事の非実現性を，5 節では before 節の出来事の実現性を明らかにする．6 節では before 節における過去完了形の意味特徴を再考し，最後の 7 節はまとめである．

2.　時を表す before の基準点

時を表す前置詞としての before の意味は，"earlier than somebody / something"（OALD Online）のように定義されている．しかしながら，時間軸上の時間幅を考慮した本研究では，before が時間幅を有する語句と共起する場合，before の基準点は時間幅の始点であると主張する．例えば，(2) では before the 15th day of April は，時間幅を持つ the 15th day of April の始点を基準点として，4 月 15 日零時より前であることを意味する．before のみでは後続の the 15th day of April を含まないので，the 15th day of April も含ませるためには，on or before のような言い方にする必要がある．

(2)　In the case of returns under section 6012, 6013, 6017, or 6031 (relating to income tax under subtitle A), returns made on the basis of the calendar year shall be filed on or before the 15th day of April following the close of the calendar year and …

　　　　　　　　　　　　　　　　　　(Google Books, Retrieved on Feb 17, 2020)

接続詞としての before が持続性（時間幅）を持つ出来事と共起する場合

も同様のことが言えると主張できる.[1] 下記の例文（3）の出来事間の時間関係「X before Y」を詳しく見てみよう. before I read Psalm 23 は，持続性を持つ出来事 Y（my reading Psalm 23）の始点を基準点として，出来事 Y の始点よりも時間的に前であることを表す. この捉え方は，例（3）の冒頭にある Psalm 22 及び当該主節中の the chapter before it などにも支持されている.

(3) Elisabeth's eye fell on Psalm 22. "Aunt Agatha," she said softly, "before I read Psalm 23, let me read you the chapter before it. This psalm used the same language Jesus would use on the cross."　　　　　　　　　　　　　　（Google Books, Retrieved on Feb 20, 2020）

上記の（3）の両出来事, let me read you the chapter before it と I read Psalm 23 の時間関係を図 1 で示すことができる. 当然ながら，接続詞 before によって，出来事 let me read you the chapter before it は I read Psalm 23 の始点より前に位置していることが明確にされている.

図 1：例文（3）の出来事間の時間関係の略図[2]

3.　過去完了形の時間的構造

Quirk et al.（1985: 195）では，過去完了形の基本用法に関して，（4）のように，過去完了形には過去形の過去版である用法と現在完了形の過去版である用法があると説明されている. 本研究では，便宜上それぞれ大過去用法と強調型過去完了用法と呼ぶ.

---

[1] before 節の出来事が持続性を持たない例は本研究の対象としない.

[2] 現在時制が表している出来事の実現性について別途議論する必要があるかもしれないが，本研究では暫定的に●を用いる.

(4)　The past perfective usually has the meaning of "past-in-the-past",
　　　and can be regarded as an anterior version either of the present
　　　perfect or of the simple past.　　　　　　　　　(Quirk et al. (1985: 195))

　大過去用法は図 2 で示すことができる．図 2 において出来事は 1 つのま
とまり（時間軸上の点）として，参照時（過去）よりも以前の時点に位置し
ている．一方，強調型過去完了用法を示す図 3 は，出来事の終点に注目し
て，出来事の終点が参照時（過去）より過去である用法の時間的構造を明示
している．また，図 3 の場合，動詞のアスペクト性によって，出来事の始
点や持続性が存在しない場合もある．[3]

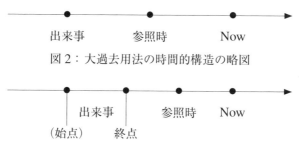

図 2 : 大過去用法の時間的構造の略図

図 3 : 強調型過去完了用法の時間的構造の略図

　次に，Declerck（1979）が主張している過去完了形の modal 用法，つま
り仮定法の用法も同じように図示することができるであろう．(5) では，as
if 節から分かるように，he had fallen into a bramble-bush は大過去用法で
もなく，強調型過去完了用法でもなく，過去の事実に反する modal 用法で
ある．本研究では，過去完了形の modal 用法の時間的構造を示すには，図
4 のように仮想参照時の導入が有効であると主張する．仮想参照時とは，物
理的に存在していない，あるいは実現していない，話者の心にある想像上の
参照時である．(5) から読み取れる "he didn't fall into a bramble-bush" は
過去の事実なので，仮想参照時も過去のある時点に位置すると想定すること
ができる．(5) の過去完了形の modal 用法は仮想参照時（過去）よりも以前

---

[3] 動詞のアスペクト性については，Vendler (1967: 97) を参照のこと．

に起きた出来事，または仮想参照時（過去）より前に完了した出来事を表現する用法である．

    (5)　John looks as if he <u>had fallen</u> into a bramble-bush.

(Declerck（1979: 728））

had fallen　　　仮想参照時　　　Now

図 4：(5) の過去完了形の modal 用法の時間的構造の略図[4]

4.　before 節における出来事の非実現性

  before 節の過去形は，一般的に発話時において当該節中の出来事が実現性を持っていることを示すとされている．例えば，(1a) では，発話時に I saw him と he saw me の両方の出来事が実現したものと解釈できる．しかしながら，動詞の語義,[5] 文脈あるいは現実世界における常識などによって，before 節内の出来事の実現性が取り消されることもある．(6) の主節における動詞 die は後続する before 節の出来事を実現不可能にしている．したがって，(6) に関しては，die が表す意味により before 節内の出来事（finishing his thesis）が物理的に不可能であるということになる．

    (6)　He <u>died</u> <u>before he finished his thesis</u>.　　　（Wachtel（1982: 339））

  before 節の時制を問わず，(7) も同じように，before 節の過去完了形で表現されている出来事も die の意味から，実現されなかったと判断される．つまり，死んだ人は自宅に戻り家族と再会することはできないので，they had seen their homes and families again は実現されなかった出来事である．

---

  [4]　時間軸上の●は実現性を，○は非実現性を示す．
  [5]　吉良（2018: 230）によると，「死滅・消滅の後には before 節内の出来事の履行はできないから」，出来事 Y は非実現性を持つ．

(7)　Most of the men on the plane would have been returning to their
families and civilian life in the near future but, alas, they died on
a remote and desolate Ayrshire hillside before they had seen their
homes and families again.　　　　　　　　　　　　　　　(BNC)

動詞の語義のほかに，(8) のように So I had time to conceal myself の
存在により before 節中の出来事 he had seen me が実現されなかったと解
釈される．更に，通例，手紙は，破り捨てられれば二度と読むことができな
いという現実世界の常識から，before 節の時制を問わず，(9a) の I read it
も (9b) の I had read it も非実現性を表すと解される．

(8)　I saw him before he had seen me.　So I had time to conceal my-
self.　　　　　　　　　　　　　　　　　　　(Declerck (2006: 709))
(9)　a.　The letter was destroyed before I read it.[6]
　　　b.　The letter was destroyed before I had read it.
　　　　　　　　　　　　　　　　　　　　　(Declerck (2006: 712))

(9a) と (9b) に関して，非実現性を表す before 節内の過去形と過去完了
形との違いについてみてみよう．Declerck (2006) は (9a) と (9b) の違い
を (10a) と (10b) で説明しているが，結局この書き換え (10a) と (10b)
の違いは I read it と I had (already) read it の違いに戻ってしまっている．
出来事の始点・終点の視点を導入した本研究における出来事の時間的構造の
観点から見ると，read it は持続性を持つ出来事なので，(9a) と (9b) の
before 節の違いは，(9a) は読み始める（始点）前を，(9b) は読み終える
（終点）前を指し示す．

---

[6] Declerck (2006: 712) によると，(9a) は "The letter was destroyed as a precaution
against my reading it." という読みも可能である．また，接続詞 before には Put that away
before it gets broken. (OALD Online) のような "warn or threaten somebody that some-
thing bad could happen" (OALD Online) の用法もあるが，これらの用法は本研究の対象
としない．

(10) a. The letter was destroyed before the time when I would have been the case that I read it (if it had not been destroyed).

b. The letter was destroyed before the time when I would have been the case that I had (already) read it (if it had not been destroyed). (Declerck (2006: 712))

　(9a) と (9b) の違いを時間軸上の略図で示そう. (9a) の出来事の時間的構造を表す図5では,接続詞 before により出来事 the letter was destroyed は,非実現性を持つ仮想出来事時(過去)としての I read it より過去に位置している. 過去形である the letter was destroyed と I read it は同じく現在を参照時とする絶対時制である.[7] 一方,図6では,(9b) の過去完了形 I had read it は出来事の終点に着目して,読み終える時点(終点)より過去に主節の出来事 the letter was destroyed が位置している時間的構造を図示している. とりわけ留意されたいのは時間軸上の仮想参照時である. 相対時制である過去完了形 I had read it は,絶対時制である過去形 the letter was destroyed と異なり,出来事の終点と Now の間に位置するある時点(過去)を仮想参照時としている.

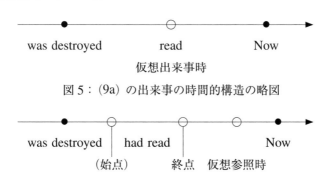

図5:(9a) の出来事の時間的構造の略図

図6:(9b) の出来事の時間的構造の略図

---

[7] Declerck (2006: 25) によると,現在を参照時とする時制(現在時制,過去時制,現在完了時制,未来時制)は絶対時制で,そうでない時制は相対時制である.

　時間的構造の略図からみると（9a）と（9b）は歴然とした違いが見られたが，before 節の出来事は非実現性を持っていることを顧みると，両者の違いは実に "blurred" であると Declerck（2006: 712）が主張する．確かに，実現できていない出来事の全体（1 つのまとまり）より時間的に以前であろうと，その出来事の終点より時間的に以前であろうと，明確な意味相違がほぼないとも思われる．

5.　before 節における出来事の実現性

　4 節で見た通り，before 節内の出来事は過去形であっても過去完了形であっても動詞の語義，文脈及び常識などが要因となってそれが実現しなかったとする解釈が成立する．5 節では before 節中の出来事の実現性が保証されている場合についてみることにする．本研究の時間的構造の視点から過去形と過去完了形などの異なる時制によって生じる意味の相違を略図で明らかにする．

　過去形をとる before 節を有する（11）の両出来事間（出来事 Y の I read "Man's Hope" と出来事 X の I thought I know quite well about civil war in Spain）の時間関係について図 1 を参照しながら，「before Y, X」の諸要素，即ち出来事の実現性や出来事間の時間関係などを細かく見てみよう．まず，before 節内の出来事 Y である I read "Man's Hope" の実現性は後続する but the book showed me how little I knew about it により保証される．そして，before の基準点によれば，before I read "Man's Hope" は持続性を持つ出来事 I read "Man's Hope" の始点より前であり，主節の I thought の出来事時にまだ実現していないと読み取れる．この捉え方は，「Man's Hope を読み始める前は civil war in Spain をよく知っていると思い込んでいたが，実際に読み始めると自分の知識のなさに気付かされた」という文脈にも支持されている．最後に，出来事 X である I thought は，過去完了形をとらなくても before を使えば出来事 Y より過去（実質的に大過去）であることが明確である．

(11)　I wish you'll read it and know how our country was born. (I am not an American citizen, yet I would like to call America as my country.)　<u>Before I read</u> "Man's Hope", I thought I know quite well about civil war in Spain, but the book showed me how little I knew about it; …　　　(Google Books, Retrieved on Feb 17, 2020)

　上の (11) と明らかに異なる (12) の「before Y（過去完了形）X」を図 7 で示し，「before Y（過去完了形）X」にかかわる諸要素を詳しく見てみよう．まず，before 節の出来事 I had read a page が実現したことと文脈から読み取れる．もし読み始めていないとすれば，出来事 X, I felt my whole body shiver は生起しないはずである．したがって，(12) の before の基準点は出来事 Y の始点ではなく，出来事 Y の終点であると類推できる．最後に，出来事 Y の過去完了形は相対時制なので，主節内の過去形（felt）の参照時（現在）と違って，Now と my reading a page の終点の間に潜在参照時（過去）が位置している．

(12)　Thinking I might have mistaken the book, I looked at the cover. "Crime & Punishment"; without doubt it was "Crime & Punishment." Feeling that the bookbinder had made a mistake, and that it was the working of the fate that I had opened the book at a mistaken insertion, <u>I read on helplessly.</u>　But <u>before I had read a page</u> I felt my whole body shiver. It was a paragraph telling of the devil tormenting Ivan—Ivan—Strindberg—de Maupassant—or me here in this room. Sleep alone could save me. But the last package of my sleeping …

（Google Books, Retrieved on Feb 17, 2020）

図 7：(12) の出来事の時間的構造の略図

　上の (12) と同じように，次の例文 (13) の「X before Y（過去完了形）」も「X before Y（終点）」であると言える．(13) の出来事 Y (they had heard all of the target word) は実現性と持続性（具体的に言えば，369 ミリセカンドの時間幅）を持っていることが文脈から分かる．被験者が target word を聞き，200 ミリセカンドが経過した時点にボタンを押そうと決めて，約 75 ミリセカンド（仮定）をかけてボタンを押す動作を実行するというスローモーションが読み取れる．つまり，出来事 Y の終点より約 94 ミリセカンド前に出来事 X (the subject had often pressed the button) が起きた．

(13)　Mean reaction time for detecting the target word in normal prose was 273 milliseconds, measured from the onset of the target word. Since, on average, the target word actually took 369 milliseconds to say on the recording subjects were listening to, this means that subjects had often pressed[8] the button before they had heard all of the target word. In fact, assuming that the time elapsing between a subject's decision to respond and the actual pressing of the button was about 75 milliseconds, subjects on average identified the target after having heard only the first 200 milliseconds of it.　　　　　　　　　　(BNC)

6.　before 節における過去完了形の意味の再考

　X happened before Y happened. の形式を用いて出来事 X が出来事 Y よ

---

[8]　主節における過去完了形については本研究の対象としない．

りも時間的に先行することを示すことができるわけであるが，この形式と同じ X と Y の時間関係を表すのに X happened before Y had happened. のように before 節において過去完了形が使われる場合もある．その場合何らかの話し手あるいは書き手の意図があると考えられる．

　before 節において過去完了形が用いられる場合，before 節の出来事が実現性を持たない modal 用法（Declerck (1979)）があるが，「before Y（過去完了形）」と modal 用法は必然的に因果関係があるとは言えない．modal 用法（出来事 Y の非実現性）は，動詞の語義，文脈及び現実世界の常識などに基づいて割り出される．次のように，同じ before I had read it が (14) では発話時に非実現性を持ち，(15) では発話時に実現性を持つという違いがしばしば見られる．

(14)　The letter was destroyed before I had read it.

(15)　He read the paper before I had read it.　I did not read it until I was back from work.　　　　　　　　　　　(Declerck (2006: 710))

　before 節内の過去完了形の意味に関する先行研究では，完了性を強調する中村 (1991)，松村 (1996)，柏野 (1999)，吉良 (2018) が代表的なものである．本研究では，完了性を強調する説に基本的に賛同するが，before 節の出来事 Y が実現性を持たない場合，出来事 Y の完了性を強調する過去完了形とその始点に焦点を当てる過去形との間に，時間的構造の違いはあるが，実際の意味の差異はかなり不明瞭である．出来事が実現していないから，その出来事の始点より前とその出来事の終点より前との区別がつきにくい．

　before 節の出来事 Y が実現性を持つ場合でも，before 節の過去完了形は出来事 Y の完了性を表すが，X before Y 構文に対する様々な意味解釈は語用論的解釈に過ぎない．例えば，X happened before Y had happened. の構文に対して，Edgren (1971: 133–134) は，"occurring suddenly or unexpectedly early"，また Declerck (1979: 728) は，"unusual or contrary to expectation" としているが，これは文脈次第で様々な解釈が可能である．

　Declerck (1979: 728) は，出来事の本来のなすべき順番を手掛かりとし，「Y before X」(putting water in the swimming-pool before diving into it)

が現実世界の常識に基づいた普通の順番なのに，次の (16) は「X before Y」
と逆の順番となっている．「順番の逆」説は (16) に対してはわかりやすく
有効に説明できるが，(1b) のように普通の順番を簡単に定めることのでき
ないような例には応用できないようである．

(16)　John dived into the swimming-pool before Mary had put water in
　　　it.　　　　　　　　　　　　　　　　　　　　　(Declerck (1979: 728))

　ここまで見た通り，「X before Y（過去完了形）」は，出来事 Y の完了性
を強調する点においては，単なる二つの過去の出来事間の時間関係を表す
「X before Y（過去形）」とは異なる．ここで，「X before Y（過去完了形）」
構文をより広い文脈から見ながら，その意味特徴を確認しておこう．「die
before Y（過去完了形）」を含む例文をいくつか取り上げ，その文脈の多様
性を見てみよう．「die before Y（過去完了形）」と共起する文脈には，(17)
の I've felt almost glad，(18) の it seems sad，(19) の it occurred to him
with pain など様々ある．出来事 X である die に対して，現実世界の常識
と思われそうな sad や pain を伴う文脈もあれば，非常識とも思われるよう
な glad を伴う文脈もある．裏を返せば，文脈による「X before Y（過去完
了形）」の意味特徴は多様で，唯一共通していることは「X before Y（過去
完了形）」が完了性を強調する「X before Y（終点）」であるという点である．
出来事 Y の完了性（終点）を強調することによってもたらされる様々な意
味解釈は語用論の分野に属している．

(17)　These last days―I don't know just how to say it―but I've felt
　　　almost glad he died before he'd had time to be afraid again.　It
　　　might have been like what you said that day in the burying
　　　ground.　I'm old enough to know how things change with …
　　　　　　　　　　　　　　(Google Books, Retrieved on Feb 17, 2020)

(18)　It seems sad that he died before the Civil War had reached its
　　　resolution―the struggle for abolition suited Thoreau's moral and
　　　rhetorical talents admirably, and he contributed to it with passion,

as a staunch defender of Captain John Brown …

(Google Books, Retrieved on Feb 17, 2020)

(19)　It occurred to him with pain that Grandpa Kenyon, who loved all unusual experience, had died before he had ever gone up in an airplane.

(Google Books, Retrieved on Feb 17, 2020)

7.　まとめ

　以上のように，「X before Y」について，before の基準点（2節），過去完了形の諸用法の図形化（3節），出来事 Y の非実現性（4節），出来事 Y の実現性（5節），「before Y（過去完了形）」の語用論的意味（6節）などの視点から分析してきた．出来事の時間的構造からみる「before Y」には，「before Y（1つのまとまり）」，「before Y（始点）」，「before Y（終点）」がある．また，仮想参照時を導入することによって，過去完了形の modal 用法も大過去用法及び強調型過去完了用法と同じように時間軸上で出来事の時間的構造を図示化できた．

Y の実現性	Y の時制	before Y の基準点	Y の時制による意味の差異
ない	過去形	before Y（始点）	blurred，不明瞭，ほぼない
	過去完了形	before Y（終点）	
あり（動詞，文脈，常識などによる）	過去形	before Y（始点）	あり（語用論的解釈）
	過去完了形	before Y（終点）	

表 1：「X before Y」の諸要素の特徴のまとめ

　4節，5節，6節で議論してきた「X before Y」の諸要素の特徴をまとめると表1の通りである．出来事 Y の実現性は，過去完了形あるいは過去形によってもたらされるものではなく，動詞の語義，文脈及び現実世界の常識などから割り出される．出来事 Y が実現性を持たない場合，before 節内の過去形と過去完了形とは時間的構造においては差異があるが，実際には明確

な差異はない．しかしながら，出来事 Y が実現性を持ち且つ持続性を持つ場合，「before Y（過去形）」は「before Y（始点）」であるが，「before Y（過去完了形）」は「before Y（終点）」であるように，時間的構造及び意味特徴において明らかな差異が見られる．この時間的構造における差異（完了性の強調）は「before Y（過去完了形）」によるものであるが，上述の様々な意味の差異は文脈などによる語用論的なものである．

参考文献

Declerck, Renaat (1979) "Tense and Modality in English Before-clauses," *English Studies* 60, 720-744.

Declerck, Renaat (2006) *The Grammar of the English Tense System: A Comprehensive Analysis*, Mouton de Gruyter, Berlin.

Edgren, Eva (1971) *Temporal Clauses in English*, Almqvist & Wiksell, Uppsala.

Jespersen, Otto (1931) *A Modern English Grammar on Historical Principle* (Part IV), George Allen & Unwin, London.

柏野健次 (1999)『テンスとアスペクトの語法』開拓社，東京.

吉良文孝 (1991)「Before 節における過去形と過去完了形の交替に関する一考察」『英文学論叢』39, 63-74.

吉良文孝 (2018)『ことばを彩る 1　テンス・アスペクト』研究社，東京.

松村瑞子 (1996)『日英語の時制と相 ── 意味・語用論的観点から ──』開文社，東京.

中村芳久 (1991)「before 節のパラドクス・再考」『英語青年』137(1), 36-38.

Quirk, Randolph *et al.* (1985) *A Comprehensive Grammar of the English Language*, Longman, London.

Vendler, Zeno (1967) *Linguistics in Philosophy*, Cornell University Press, Ithaca.

Wachtel, Tom (1982) "Some Problems in Tense Theory," *Linguistic Inquiry* 13, 336-341.

Data and Sources
BNC (British National Corpus) <https://scnweb.japanknowledge.com/BNC2/>
Google Books <https://books.google.co.jp/>
OALD Online <https://www.oxfordlearnersdictionaries.com/>

第 3 章

構文の定型性と意味機能の拡張
——here's と here is に後続する Ving, to Ving, to V を例に——*

梅咲 敦子

関西学院大学

1. はじめに

　非英語母語話者は，学習した英語の文法構造と一見合致しない構文に出会うことがある．たとえば，(1) は筆者が友人から受信したメールの 1 文である.[1]「食事を一緒にする機会がすぐ来ることを願っています」という意味だが，この here's hoping のような here's に動詞の ing 形（Ving と表示）が後続する形式は，here's には名詞相当語句が後続して主語の役割を担う一般的な文法構造ではない．本研究では，各種大規模オンラインコーパスを利用して，here's hoping にみられる here's Ving 構文を，(2) のような here's to Ving，(3) のような here is to V 構文と比較しながら，使用頻度と使用状況に基づき，構造，意味機能，発達過程，定型度を考察する．（全例文中の下線は筆者）

---

* 本稿は「Here is/here's に後続する to V，Ving，to Ving にみる定型性」と題して関西語法文法研究会（2019 年 12 月 14 日於関西学院大学上ヶ原キャンパス）で行った口頭発表と梅咲（2020）を加筆修正した.

[1] 海外の友人の依頼で双子の誕生日祝いに日本の T シャツを送る際，費用に代えていつかお茶に誘って下さいと書いた手紙に対する友人からの礼状メール.

　　Thank you so much for being the Secret Angel who will make the twins so very happy. We love the thought of taking you and [NAME] out to tea. Here's hoping it's soon and we are able to do a lot more for you.

(1)　Here's hoping it's soon.　　　　　　　　　(private email (2019.1.20))

(2)　Here's to hoping they learn from Hicks' missteps.

(COCA_NEWS_*Chicago Sun-Times*_SPORTS_2007)

(3)　Here is to be found the essence of the darkness that envelops our times.　　　　　　　　　(ukWaC_clara.co.uk_2002)

2.　here's Ving

　大規模コーパスから BNC, COCA, COHA で here's Ving の頻度を調べると，表 1 に示す通り here's hoping, here's looking, here's wishing がそ

表 1 : コーパスにおける here's Ving の頻度（梅咲（2020: 39））

Form	Frequency		
	BNC	COCA	COHA
HERE'S HOPING	18	206	58
HERE'S LOOKING*	3	43*	15
HERE'S WISHING	3	6	6
HERE'S GOING	1	3	0
HERE'S FACING	1	0	0
HERE'S BETTING	0	6	1
HERE'S WORKING	0	1	0
HERE'S WONDERING	0	1	0
HERE'S THINKING	0	1	0
HERE'S RAISING	0	1	0
HERE'S PULLING	0	1	0
HERE'S LONGING	0	1	0
HERE'S LICKING**	0	1	0
HERE'S HOLDING	0	1	0
HERE'S GUESSING	0	1	0
HERE'S COMING	0	1	0
HERE'S GETTING	0	0	1
HERE'S PLAYING	0	0	1
HERE'S LUNCHING	0	0	1
HERE'S LAUGHING	0	0	1

注）＊ LOOKIN（2）例を含む. Here's looking at you（38）/ Here's looking at me（3）.
　　＊＊ Here's liking at you, kid.

の 90% 以上を占めた．この Ving 形語彙動詞の頻度の偏りは，here's Ving 構文には語句との結びつきに定型性があることを示す証といえよう．その定型性を探るため，here's hoping, here's looking, here's wishing の使用状況と意味機能について調べてゆく（梅咲（2020: 19-51））．

2.1. 文法書・辞書における扱い

　文法書には，here's に後続する形式について，主語に複数名詞をとる場合があることや（Biber et al.（1999: 186），Carter and McCarthy（2006: 95-96）），乾杯の際の使用例 Here's to the future. <familiar>（Leech and Svartvik（2002: 184））の記載はあるが，Ving の後続については Quirk et al.（1985），Huddleston and Pullum（2002）を含めて言及がなかった．いわゆる上級者向け学習英英辞典（LDOCE^6（2014），OALD^9（2015），CALD^4（2013），CCALD^9（2018））にも取り上げられていない．Merriam Webster（online 版）には here's hoping が idiom として掲載され，*Here's hoping* (that) it doesn't rain. が例示されている．

　OED（online 版）では，here の項目に（4）のとおり，here's a health to の省略形として here's to を掲載し，乾杯時の決まり文句として，here's hoping や here's looking（at you）を挙げている．用例全検索では，here's hoping の初出は（5）の 1866 年，here's looking at you は（6）の 1871 年であり，今では広く映画『カサブランカ』と結びつけられるとある．

(4) 2.b. *here's to* (elliptical for here's a health to), *here's hoping, here's how, here's looking* (*at you*), *here's luck*, formulas used in drinking healths.　　　　　　　　　　　　　　　　(OED here_adv)

(5) 1866 'Mark Twain' *Lett. from Hawaii* (1967) 85 In the mining camps of California it is etiquette to say, 'Here's hoping your dirt'll pan out gay.'　　　　　　　　　　　　　　　(OED pan_v1)

(6) h. here's looking at you: used as a toast. Now widely associated with the film *Casablanca* (1942); see quots. 1942, 2005.
1871 *Philadelphia Photographer* Aug. 253/1 Well! here's look-

ing at you.（略）1942 J. Epstein et al. *Casablanca* in *Best Amer. Screenplays*（1986）143 / 2 Here's looking at you, kid.（略）2005 T. Darlington *Narrow Dog to Carcassonne*（2006）v. 146 At this speed we won't live to get to Paris … But here's looking at you, kid.　　　　　　　　　　　　　　　　　　　　（OED look_v）

2.2.　here's hoping

　表 2 にコーパス別 here is hoping と here's hoping の使用頻度と後続形式別頻度を示す．まず，here is hoping と here's hoping では，総数が 90 対 5368 と縮約形のほうが 50 倍以上高頻度であり，縮約形に特化した形式である．さらに，量的に後続形式に偏りがあり，（7）のような that 節（that 省略を含む）が最も多く，（8）（9）のような後続形式のない例や for 前置詞句の例がそれに続き，一般によく使用される hoping to see you のような to 不定詞の後続例が殆どないという特殊性が見られた．これらの特殊性は，here's hoping（that）の定型性の強さを示すといえよう．

(7)　Membership numbers this year have increased thanks to the Lacrosse section. Here's hoping the upward trend will continue.

　　　　　　　　　　　　　　（ukWaC_seftonparkcc.co.uk_2007）

(8)　Just a few weeks ago, it landed.　Its mission is to discover once and for all if Mars ever had the conditions to support life. Here's hoping.　　　　　　　　　　（MOVIE_Documentary_2012）

(9)　Be just like the old days at megget and towne, huh?　Oh, yeah. Here's hoping for a happier ending, though.

　　　　　　　　　　（TV_Commedy, Crime_*Franklin & Bash*_2012）

表 2：コーパス別 H/here's/is hoping の出現頻度と後続形式の頻度

(梅咲（2020: 30））

Corpora 語数(約)	H/here is hoping	φ	for/to NP	to V	(that) Cl.	H/here's hoping	φ	for/to NP	NP/so/not	to V	(that) Cl.
BNC* 1億	0	0	0	0	0	18 (18)	3 (3)	2/0	0	0	13 (13)
COCA 5.6億	2 (0.3)	0	0	0	2	206** (37)	17 (3)	15/0	2	0	172 (30)
ukWaC 13億	6 (0.5)	1	1/0	0	4	574 (44)	133 (10)	61/2	1	3	374 (28)
WBO 5.5億	8 (1.5)	0	0	0	8	200 (36)	25 (4.5)	4/0	0	0	171 (31)
TIME 1億	0	0	0	0	0	27 (27)	4 (4)	1/0	0	0	22 (22)
MOVIE 2億	0	0	0	0	0	90 (45)	29 (14)	0	0	0	61 (30)
TV 3.25億	0	0	0	0	0	203 (62)	73 (22)	7/0	0	0	123 (37)
SOAP 1億	0	0	0	0	0	55 (55)	22 (22)	0	0	0	33 (33)
GloWbE US 3.86億	26 (6.7)	1	4/0	1	20	557 (144)	59 (15)	25/3	0/1/1	2	466 (120)
GloWbE GB 3.87億	12 (3.1)	2	1/0	0	9	544 (141)	102 (26)	53/4	1/0/0	0	384 (99)
NOW_ US 10億	25 (2.5)	1	4/1/0	0	19	1827 (182)	67 (6.7)	55/3	0/2/0	3	1697 (169)
NOW_ GB 8.6億	11 (1.3)	3	0	0	8	1067 (124)	106 (12)	66/0	0/1/1	0	893 (103)

注）使用コーパスの説明，検索方法は梅咲（2020: 23-25）参照．（　）内の数値は 1 億語換算の数値．* SKE/SCN-BNC 検索の数値．** 用例から欠番分を除く．

2.2.1.　使用状況と意味機能

　では，here's hoping（that）はどのような使用状況で，どのような意味機能を持つのか．

　表 2 から使用状況を考えると，世界のウェブ上の英語を収集したコーパスのうち合衆国と英国ドメインの英語 GloWbE（US, GB），およびウェブ上のニュースコーパスのうち合衆国と英国ドメインの英語 NOW（US, GB）で here's hoping は 1 億語換算で 100 例以上と高頻度である．

　さらに，なるほど OED に指摘のとおり（10）のように乾杯の状況での使用例が 2 件あるが，明らかに乾杯以外の状況での使用が確認できる．上述の（7)-(9）のみならず，(11）はニュース原稿で試合の勝利とともにバーゲンの成功を願っている．(12）はプロフットボールチームのメーリングリストからの例で，別の試合ではもっとうまくゆくことを願っている．

(10) 'Here's hoping you have better luck with the grouse tomorrow,' Charlie toasted. 　　　　　　　　　　(BNC_AN7_fiction_Book_1990)

(11) Gloucester are on the winning trail after their 10–3 victory over Rosslyn Park last week.

　　 And here's hoping they can repeat the Sale success of earlier this season. 　　　(BNC_K1D_Central television news script_1985-1994)

(12) Deane was a bit quiet, well marshalled by the Arsenal donkeys, and Wallace was quite lively when he came on.　Here's hoping that things get better at Liverpool: -)

　　　　　　　　　　　(BNC_J1E _Leeds United e-mail list_1985-1994)

(13) Twitter user TheRainbowStand said: "Nobody greater at comebacks / recovering.　Here's hoping and praying you make a full recovery / comeback from this one too.

　　　(NOW_GB_ITV_World sends wishes to United legend Ferguson_2018)

　これらの使用状況を考えると，here's hoping は，I hope や I am hoping で希望を述べる以上に，乾杯の際の祈りに似た気分で，強い願望を伝える意味機能を持つと考えられる．これは，(13）のような hoping and praying の

結びつきが NOW_GB に 3 例見られることからもわかる.

　さらに，形式上，here's hoping では，主観性の強い一人称主語を避けることができる．すなわち，一定の客観性を持たせて祈りに近い強い願望を示す機能を果たすことができる．この機能のために，here's hoping は，ブログやニュースのように，書き手（話し手）が不特定の読み手（聞き手）に発信する際に，好都合な表現として，調査したコーパスで高頻度に出現していると説明できる.

2.2.2.　発達過程

　使用頻度の増加を調べると，COCA における年代別 here's hoping の頻度は図 1 のとおりで，1990 年代から，コンピュータとインターネットの普及とともに増加していることがわかり，上述の内容を裏打ちしている.

1990-1994	1995-1999	2000-2004	2005-2009	2010-2014	2015-2019
14	15	25	51	57	71
104.0	103.4	102.9	102.0	102.9	103.8
0.13	0.15	0.24	0.50	0.55	0.68

図 1：COCA における年代別頻度（2020.2 検索）

2.3.　here's looking

　(14) のように looking の例は，表 1 の注に示したとおり，大半が looking at you で，BNC の 3 例はすべて乾杯時である.[2] また，本表現は，(6) に記載の OED（オンライン版）の指摘どおり，1942 年の映画『カサブランカ』のセリフ，Here's looking at you, kid.「君の瞳に乾杯」（高瀬鎮夫訳）」から広まったことが，図 2 の COHA における年代別出現頻度からわかる.[3]

---

[2] 3 例中 1 例は Here's looking at us, kid! であるが，乾杯時である.
[3] 別のコーパス（MOVIE）で初出は 1931 年 *The Miracle Woman* であった.

また，乾杯時以外には（15）のように本映画を扱った説明で使用されている．また，本映画でも，4 回のうち最後の使用は，乾杯時ではなく別れの言葉の一部で「君のことは忘れない」という強い気持ちを表している．（16）では，映画のセリフ here's looking at you をもじって（映画で流れた「時の過ぎゆくままに」という曲をカフェでリクエストすると，「それは夜のみ」で「代わりに絶品のエビパスタやオリーブパンはいかが」と言う）使用していることもわかる．

Corpus of Historical American English

SEARCH　　　　　　CHART　　　　　　CONTEXT　　　　　　OVERVIEW

CHANGE TO VERTICAL CHART / CLICK TO SEE CONTEXT

SECTION	ALL	1810	1820	1830	1840	1850	1860	1870	1880	1890	1900	1910	1920	1930	1940	1950	1960	1970	1980	1990	2000
FREQ	14	0	0	0	0	0	0	0	0	0	0	0	0	0	2	3	1	1	1	2	4
WORDS (M)	405	1.2	6.9	13.8	16.0	16.5	17.1	18.6	20.3	20.6	22.1	22.7	25.7	24.6	24.3	24.5	24.0	23.8	25.3	27.9	29.6
PER MIL	0.03	0.00	0.00	0.00	0.00	0.00	0.00	0.00	0.00	0.00	0.00	0.00	0.00	0.00	0.08	0.12	0.04	0.04	0.04	0.07	0.14
SEE ALL YEARS AT ONCE																					

図 2：COHA における here's looking at you の年代別出現頻度

(14)　'Here's looking at you, kids,' said I, raising my bottle.

(BNC_HTU_fiction_Book_1993)

(15)　And parts of "Casablanca," everybody agrees, were shot there. The one scene that's in dispute is the famous, you know, moment at the end where Bogart says to Bergman, you know, Here's looking at you, kid,' and they say goodbye.

(COCA_SPOK_NPR_ATCW_Interview_2003)

(16)　In Casa, I admit my highlight was a fake: Rick's Cafe, which opened in 2004 to re create the locale of the 1942 classic movie "Casablanca." Channeling Ingrid Bergman, I requested "As Time Goes By," but was told it's played only at night. Here's looking at superb shrimp pasta and olive bread, instead. In Rabat, the historic sites line the Bou Regreg river.

(COCA_NEWS_*Denver Post*_"SOLO IN MOROCCO"_2013)

2.4.　here's wishing

Here's wishing は上述の hoping と looking ほど高頻度ではない. 用例は,
乾杯時とそれ以外の両方に見られ,（17）はクリスマスカードに同封する手
紙における幸福を願うという挨拶,（18）はスポーツニュースで受賞を願う
気持ちを伝える際のものである. その意味機能は, 単に I/we wish よりも,
乾杯時の祈りの行為に相当する強い願望の伝達といえよう. また, here's
wishing も here's hoping と同様, 一人称主語を避けることで, 目前にいな
い読み手（聞き手）との一定の距離感と客観性をもたせることができる. さ
らに, here's wishing は, 通時的コーパス（SKE-EHBC）で 1700 年代に 3
例が見られ, 初出は（19）の 1749 年で, here's hoping と here's looking
より古く, taking a Bumper から乾杯を想起させる使用である.

(17)　I shall put this in with your Christmas card, so here's wishing
　　　 you every happiness at Christmas.

　　　　　　　　　　　　　　(BNC_KAR_personal letter_1985–1993)

(18)　Here's wishing a Heisman Trophy run for Ezekiel Elliott in 2015.

　　　　　　　　　　　　(COCA_NEWS_*St Louis Post*_Sports_2015)

(19)　'But he did not fuffer me to remain long in this agreeable
　　　 Delufion; for taking a Bumper in one Hand, and holding me by
　　　 the other, "Here, my Boy," cries he, "*here's wiſhing* you Joy of
　　　 your being ſo honourably acquitted of that Affair laid to your
　　　 Charge."　　(SKE-EHBC_*The History of Tom Jones, a foundling*_1749)

2.5.　その他の動詞の場合

表 1 では, here's going が頻度は少ないが複数見られた.（20）は, ビデ
オ内での説明で「それでは, キッチンに入ります.」(21) は「いよいよ, こ
こに Mel Gibson が座ることになります」を表し, どちらも here's は注意
喚起の機能を果たしている.[4] ただし,（21）の going は近接未来を示す be

---

[4] CCALD[9] (2018) の here [8] 副詞に注意喚起の指摘がある. [8] ADV You use here at
the beginning of a sentence in order to draw attention to something or to introduce some-
thing. *Now here's what I want you to do.*

going to の一部で here's going の結びつきではない.

　(22) はクリケットゲームで「さあタフネルの出番です」を表し, (23) は「さあ, ここで本題に入りましょう」を表現している. これらも here's は注意喚起の機能を果たしている. ただし, (20)–(22) は実際の行動に注意を喚起しているが, (23) は目に見えない行為すなわち意識上の行為を導入する際に用いられている.

　(24) は laughing がそもそも名詞の機能を果たし,「ここには感涙する笑いがある」を表している. つまり, その機能は, 行為の存在に着目させようとする, 注意喚起である.

(20) Here's the heartbreaking home video that she sent to us. Ms-KRISTA-STENHAUG: Oprah, my house is killing me. It's killing my marriage. It's killing my kids. And I can't live like this anymore. (略) I just want to be normal. Here's going into my kitchen. This is our master bedroom. It's like a tomb, burying me alive. (COCA_SPOK_Ind_Oprah_2005)

(21) Here, look at that, how elegant already, early in the morning. Well, I think there's one place setting missing. Well, here's going to be—Mel Gibson going to sit here, Halle Berry going to sit here, Tom Cruise. (COCA_SPOK_ABC_GMA_2002)

(22) Here's facing Tufnell, sweeps again, but he doesn't make contact this time, the ball goes through Jack Russell's leg who now have a bye, Ian Botham moves from slip takes off his psychedelic sunglasses and Graham's to throw to Russell.

(BNC_spoken-cricket, Test Match special_1991)

(23) "That's why I picked you out for the medal they'll pin on you for this. And here's getting down to tacks! I'll lead you to the Gray Seal to-night and help you nab him and stay with you to the finish, but there's to be nobody but you and me on the job.

(COHA_*The Adventures of Jimmie Dale*_1917)

(24) Move along, brother! The turn of the lane! <u>Here's laughing</u> for weeping And pleasure for pain!　(COHA_*Oklahoma Sunshine*_1905)

2.6.　here's Ving の意味機能・構造・発達過程

まとめると here's Ving は，次の 3 つ（または（B）と（C）をまとめて 2 つ）の意味機能に大別できる．例は表 1 の Ving を分類した．

(A)　乾杯時の発話行為，または乾杯時の祈念を潜在的に持ち，一人称主語を避けた距離感と縮約形の親近感を表す機能
例：here's hoping / wishing / betting / wondering / longing / thinking / guessing; here's looking at you

(B)　実際の行動や意識上の行為を導入したり，それらに注意喚起したりする機能
例：here's getting down to (brass) tacks; here's going / facing; here's playing at cross-purposes / holding out hope / pullling for / lunching / coming / working

(C)　行為の存在に着目させる（注意喚起する）機能
例：laughing

　一見非文法的な here's hoping は，（C）の機能を果たす「ここに X がある」という主語動詞倒置構造の here's laughing と形式上同じ here's Ving である．Here's Ving は，here's hoping の使用頻度の多さゆえに，（A）の意味機能が主と考えられるが，その構造を考えると，「ここに X がある」という（C）の機能が中心にあり，その本来の意味機能をもつ構造は，（B）の注意喚起機能や，（A）の人々の注意を引いて乾杯をする行為と融合し，さらに，乾杯時の発話行為は，乾杯時以外へと意味機能を拡張していったと説明できる．特に，I hope とは異なり，一人称主語を避けた話し手と聞き手の一定の距離感と縮約形の親近感をもちながら，祈念や強い願望を伝える機能を果たしている here's hoping は，高頻度の使用が確認されたウェブ上のニュースやブログが求める言語と合致するといえよう．

3. here is／are／was／were／'s to V と here is／are／was／were／'s to Ving

　類似する表現として here BE（BE は is／are／was／were／'s をさす）に to 不定詞または to Ving が後続する形式について調べた結果を表 3 に示す．まず，to Ving は，here's が大半で here is がわずかにみられるだけで，この傾向は here's Ving の場合と酷似している．他方，to 不定詞が後続する例は here is が最も多く，縮約形が最も少なく，to Ving や Ving の場合とは逆で，非縮約形が基本使用と考えられる．

表 3：here 's／is／are／was／were to V と to Ving のコーパスごとの頻度

Corpus 語数（約）	here＋BE＋to V						here＋BE＋to Ving					
	計	's	is	are	was	were	計	's	is	are	was	were
SKE-BNC 1 億	4	0	0	2	1	1	0	0	0	0	0	0
COCA 5.6 億	10	4	1	3	2	0	27	26	1	0	0	0
ukWaC 13 億	39	3	12	11	8	5	34	32*	2	0	0	0
SKE-WBO 5.5 億	5	1	1	0	2	1	12	12	0	0	0	0
COHA 4 億	56	5	18	11	11	11	4	4	0	0	0	0
計	114	13	32	27	24	18	77	74	3	0	0	0

注）＊ ソースを含めてすべて同一の重複例は 1 例扱いとした．

3.1. here's to Ving

　表 4 に here's to Ving の Ving に来る動詞とその頻度をコーパスごとに示した．結果として，BNC には 1 例もなく，全体として here's Ving より頻度は低かった．また here's Ving に見られた hoping, looking at you, wishing への偏りはなかった．

表 4：here's to Ving の V ごとのコーパス別頻度

		H / here's to				
	計	BNC	COCA	ukWaC	WBO	COHA
hoping	21	0	9	9	3	0
doing	6	0	1	5	0	0
seeing	5	0	1	2	2	0
being	4	0	2	1	0	1
getting	4	0	1	3	0	0
forgetting	3	0	2	0	0	1
falling	2	0	1	1	0	0
winning	2	0	1	0	1	0
bulking	1	0	0	0	1	0
coming	1	0	0	0	1	0
cool motoring	1	0	0	1	0	0
creating	1	0	0	1	0	0
digging	1	0	0	0	1	0
enjoying	1	0	1	0	0	0
fighting	1	0	0	1	0	0
finding	1	0	0	1	0	0
giving	1	0	0	1	0	0
having	1	0	0	1	0	0
hearing	1	0	1	0	0	0
living	1	0	1	0	0	0
living	1	0	0	1	0	0
looking	1	0	0	0	0	1
making	1	0	1	0	0	0
moving	1	0	0	0	1	0
picking	1	0	1	0	0	0
raising	1	0	0	1	0	0
remembering	1	0	1	0	0	0
settling	1	0	0	1	0	0
sleeping	1	0	0	0	0	1
transforming	1	0	0	0	1	0
travelling	1	0	0	0	1	0
treating	1	0	0	1	0	0
trying	1	0	1	0	0	0
ushering	1	0	1	0	0	0
wishing	1	0	0	1	0	0
計	74	0	26	32	12	4

注）＊ ソースを含めてすべて同一の重複例は 1 例扱いとした.

なお, here is に後続した Ving は hoping, seeing, providing の 3 例であった (表 3 参照).

用例をみると, (25)「帰郷に乾杯」や (26)「忘却に乾杯」のような乾杯時の発話以外に, (27) の「Jackie が 2005 年に再びカメラの前に姿を現すことを期待しよう」や (28) の「East Lothian 中の子供たちにより良いサービスの提供ができますように」といった祈りに近い願望の表現も見られた.

(25)　We cracked the cans open and I held mine out to him. `Here's to coming home," I toasted.　　(WBO_brbooks_*Follow the Sharks*_1989)

(26)　Here's to forgetting' em. "Leslie took the glass." Right-o," he said.　　(COHA_*The Breaking Point*_1922)

(27)　The good news for fans is that both his sense of humour and his singing voice have survived the surgery. Here's to seeing Jackie back on screen in 2005.

(WBO_newspaper_*Belfast Telegraph*_2004)

(28)　Well Done everyone and here is to providing a better service for children throughout East Lothian!　　(ukWaC_exc-el.org.uk_2007)

以上から here's to Ving は, OED に指摘のあった here's to に代名詞や名詞 (句) が後続して「～に乾杯」を表す表現に相当し, 乾杯時でなくても, 祈りを明確に想起させたり, 聞き手 (読み手) に対する強い訴えや嘆願の機能を果たしたりしていることがわかる. 嘆願や訴えの内容が to 以下に示されるため, to Ving の場合は here's Ving ほど Ving に使用される動詞に偏りがないと考えられる. したがって, 定型性は here's hoping ほど強くないが, here's to Ving の形式として「～しますように」というような強い願望伝達表現といえよう.

3.2.　here BE to V

表 5 は here BE to V の各コーパスに見られる頻度を be 動詞の変化形と to 不定詞部の動詞別に示しているが, be 動詞の非縮約形には to 不定詞部に受動形または be 動詞が用いられており, 逆に, bc 動詞の縮約形と to 不

定詞部の受動形が結びつく例は 1 つも見られなかった．過去分詞には found, seen, noted が多く出現している．(29) は「ここ（Jane Austen が住んでいた家）では，彼女の著作や，彼女の地域との関わりを示すものが多く見つかると思う」と伝えている．

(29) In a brick house at the cross-roads lived Jane Austen, and here are to be seen many items relating not only to her writings, but also to her associations with the area.

(ukWaC_ localauthoritypublishing.co.uk_2007)

構造は「ここに X がある」の主語動詞倒置構文に「予定・運命・義務・可能性」などを表す be to が付いた形式 here + is / are / was / were + to be pp + NP で，意味機能は，事物への着目と，断定回避，客観性を示す．

なお，be 動詞の縮約形は to 不定詞部の能動形と結びついていたが，全体で 13 例しかなくコーパス 1 億語換算で 1 回にも満たない頻度で，be 動詞の非縮約形が to 不定詞部の能動形と結びつく例は，さらに少なく 4 例で，一般的使用とは認めがたい．[5]

以上から，本形式は here is NP と be to という文法形式の組合せからなり，定型性は弱い．しかし，here is to be found / seen のように文法形式と語（句）の結合に，ある種の強さが見られる．したがって，このように文法規則で説明可能な構文にも特定の語連鎖が高頻度に用いられることを定型性と捉えて，言語を分析することも必要と著者は考える．

---

[5] Here's to hope that it doesn't happen again. (COCA_SPOK) のような here's to hope（1 例）は，here's hoping（1056 例）や here's to hoping（21 例）ほどには使用されていない．

表 5 ： here 's / is / are / was / were to V の頻度

（BNC, COCA, ukWaC, WBO, COHA 計約 29.1 億語における頻度）

to V	頻度計	's	is	are	was	were
be found	34	0	11	11	5	7
be seen	20	0	2	9	3	6
be	19	0	4	0	14	1
be noted	8	0	8	0	0	0
be placed	2	0	1	0	0	1
be observed	2	0	2	0	0	0
be classified	2	0	0	2	0	0
begin	2	0	0	0	1	1
be had	1	0	1	0	0	0
be studied	1	0	1	0	0	0
be heard	1	0	1	0	0	0
be laid	1	0	1	0	0	0
be looked	1	0	0	0	0	1
be met	1	0	0	1	0	0
be combined	1	0	0	1	0	0
be interred	1	0	0	0	0	1
abide	1	0	0	1	0	0
add	1	0	0	1	0	0
back	1	1	0	0	0	0
cure	1	1	0	0	0	0
get back	1	0	0	0	1	0
give	1	1	0	0	0	0
hope	1	1	0	0	0	0
make	1	1	0	0	0	0
mention	1	0	0	1	0	0
pay	1	1	0	0	0	0
quit	1	1	0	0	0	0
recap	1	1	0	0	0	0
sacrifice	1	1	0	0	0	0
show	1	1	0	0	0	0
take	1	1	0	0	0	0
teach	1	1	0	0	0	0
win	1	1	0	0	0	0
Total	114	13	32	27	24	18

4. おわりに

　ある構文に特定の語（句）が共起する現象を構文の定型性と捉え，here's Ving 構文と hoping の関係を，類似する形式 here's to Ving や here BE to V と比較した．結果として，here's hoping (that) や here's looking at you，here's wishing は，それ自体定型性が強いこと，here's to Ving は，その構文自体が「〜しますように」という願望の意味機能をもち to に後続する動詞には一定自由度があり，構文自体に定型性があること，here BE to V は，複数の文法形式と語の組合せに一定の結合が見られるが，語の連続としての定型性は弱いことを示した．定型性の度合い（定型度）と，要因，尺度を明示することを今後の課題としたい．

参考文献

Biber, Douglas, Stig Johansson, Geoffrey Leech, Susan Conrad and Edward Finegan (1999) *Longman Grammar of Spoken and Written English*, Pearson Education, Harlow.

Carter, Ronald and Michael McCarthy (2006) *Cambridge Grammar of English*, Cambridge University Press, Cambridge.

Huddleston, Rodney and Geoffrey K. Pullum (2002) *The Cambridge Grammar of the English Language*, Cambridge University Press, Cambridge.

Quirk, Randolph, Sidney Greenbaum, Geoffrey Leech and Jan Svartvik (1985) *A Comprehensive Grammar of the English Language*, Pearson Education, Harlow.

梅咲敦子 (2020)「Here's hoping の使用と機能 ── コーパスに基づく言語の定型性の研究 ──」『商學論究』第 67 巻第 4 号，19–51.

コーパス（2019 年 7 月 7 日現在）
BYU-Corpora (Brigham Young University: Mark Davies)
　　<https://www.english-corpora.org/>
SCN-Corpora (Shogakkan Corpus Network)
　　<https://scnweb.japanknowledge.com/>
SKE-Corpora <https://www.sketchengine.eu/>
SKE-WBO <https://wordbanks.harpercollins.co.uk/>

他のウェブ資料

Merriam Webster: <https://www.merriam-webster.com/>

Oxford Learner's Dictionaries:

　　<https://www.oxfordlearnersdictionaries.com/>

OED (*Oxford English Dictionary*) via Kwansei Gakuin University Library

辞書

CALD[4] (2013) *Cambridge Advanced Learner's Dictionary*, 4th ed.

CCALD[9] (2018) *Collins COBUIILD Advanced Learner's Dictionary*, 9th ed.

LDOCE[6] (2014) *Longman Dictionary of Contemporary English*, 6th ed.

OALD[9] (2015) *Oxford Advanced Learner's Dictionary*, 9th ed.

第4章

英語軽動詞構文の構文としての意味はどこにあるのか？
― 主動詞構文との比較を中心に ―

井口 智彰

大島商船高等専門学校

1. はじめに

(1) a. ***Look*** at this.

b. ***Have / take a look*** at this.

(1b) は (1a) に対応する軽動詞構文で，ほぼ同じ意味を表しているといわれている．しかしながら，(1b) はその使用に際していくつかの制約があり，先行研究ではこの構文の容認可能性についての議論が積み重ねられてきた．本研究では，コーパスを用いて，時制や共起語，発話の文脈（レジスター）の違いなどを検証することにより，軽動詞構文の意味と機能の解明を試みる．検証に入る前に，辞書や文法書の記述に基づく個別の事例を分類し，次に構文特有の事態の捉え方（construal）を提示する．それを踏まえ，具体的な事例を主動詞構文と比較し，その違いを検証する．

2. 先行研究

2.1. 軽動詞構文 (light verb construction)

(1b) の構文が軽動詞構文 (Jespersen (1940), Huddleston and Pullum (2002)) と呼ばれているのは，主動詞である have / take の意味が脱語彙化 (delexical) して軽くなっていると考えられているからである．研究に対す

るアプローチとしては，この構文に共起する have / take a V の V に当たる語に派生名詞を含めるか否かという点で見解が分かれる．前者は Wierzbic-ka（1988），Dixon（2005）等の記述的研究で，have / take a V の V を動詞として解釈する．このアプローチでは扱う構文が限られ，条件が狭められることからこの構文を成立させることができる条件（容認度）について，厳密な議論をすることが可能になる．Jespersen（1940）から Huddleston and Pullum（2002）に至るそれ以外の多くの論者は主動詞に make や do も含め，a V の V は名詞として捉えている．

2.2.　辞書・文法書の記述

2.2.1.　英英辞典

　英語の軽動詞構文の中で使用頻度の高い look についてそれぞれの辞典での記載事項を調査した．どの辞典にも共通していることとして，look を名詞として分類・解釈していることが挙げられる．意味としては①「誰かや何かを見る行為」②「何かを調べたり（調査・検証），考えたりする行為」の2つが記載されていることが多く，look に共起する形容詞と事例が提示されている．以下で各辞典の特徴を概観する．

　CALD[4] は①の意味とその事例（2a, b）のみを記載している．

　　(2)　a.　Take a good look at this picture and see if you recognize any-one.

　　　　b.　Can I have a look at your dictionary?

CCAAED[2] は 'give a look' とその事例のみで①②の記載はない．
CCALD[9] は①とそれに共起する動詞・形容詞の事例のみである．

　　形容詞 + look：**close, good, hard, long, quick** look
　　動詞 + look：**get, have, take** look

LDAE[5] は①の意味と事例，「目や顔の表情で感情を示す表現」として give a look の事例を記載している．
LDCE[6] は①②の意味と例文（3a, b），感情を表す give a look を記載して

いる.

> (3) a. Have you had a chance to take a look at my proposal yet?
>
> b. It's time to take a fresh look at the old problem of low pay

MED は①の意味と事例のみを記載している.

MWALED は①②の意味と事例,「何かや誰かを見つけようとする行為」とその事例 (4a, b) を記載している.

> (4) a. I don't think you left it here, but I'll take a look around for it.
>
> b. I took a quick look, but he wasn't there.

OALD[9] は ①の意味と事例,「誰かや何かを探すという行為」の事例だけである.

OLDAE は①②の意味と事例を記載している.

2.2.2. コロケーション辞典

LCDT は①の意味と共起する形容詞, 動詞を列挙している.

MCD は①②の意味と共起する形容詞を下位分類して提示している. 辞書には掲載されていない casual や lingering のような形容詞の事例 (5a, b) も記載されている. 動詞は have, take に限られるわけではなく, 発話の文脈に最も適している語が選択されている. 名詞 look の共起語という視点で編集されているため,「顔の表情」などのように「(ちょっと) 見る」という have / take の軽動詞構文とは意味的に異なる事例 (6) も収録されている.

> (5) a. I took a casual look inside, and saw that Caroline was already there.
>
> b. I took one last lingering look at the house, then turned and left.
>
> (6) He had a funny look on his face—I just knew he was in on the plot.

OCD[2] には①②の意味と共起する形容詞, 例文が記載されている. humorous, light-hearted などのような語も収録されている.

　塚本 (2012) は「見ること；顔つき，目つき；様子，外観」を記述しているが，表の中で動詞的な意味の「見ること」と「表情」は明確に区別している.

2.2.3.　文法書・語法書

　CCEU[4] は have と take は人が行う行為や参加する活動を示す目的語としての名詞と伴に使用され，have と take は同じ意味を表すが，米国では take，英国では have を好む話者が多いと記述している.

　CCEG は名詞が後続する場合，英国では have，米国では take がより多く使われその違いとして have は経験が強調され，take は行為者が焦点化されること，共起する名詞は身体活動を表す語（swim, drink, etc）と行為者の感覚・知覚を含む語（look, sip, bite）の 2 つに分けられると指摘している.

　Swan (2016) は「have + 目的語」を「行為や経験について話をする時に使われる表現」として通常の名詞句を用いた表現（eg. have a breakfast）と同じ範疇として分類している.[1] 英国では have a swim / walk, etc. 米語では take a bath / shower / rest / swim / walk が使われる傾向にあることを指摘している.

　Biber et al. (1999) は動詞（have, make, take）+ 名詞句の組み合わせによる表現で，生産性が高くイディオム的な表現（have a look, make a killing, take time）を形成すること，have a bath, make a deal のようなイディオム的な表現の多くは動詞一語に置き換えることができると説明している.

2.2.4.　英和辞典

　『アクシス』は①②の意味と事例，「探すこと」の意味と事例を記載している.

---

[1] Trudgill (2010: 108-129) は have が英国では動作動詞（dynamic verb）として多用される傾向があることを指摘している（have dinner → dine, take part → participate など）.

『ウィスダム[4]』は ①と②の意味と事例を記載している.

『オーレックス[2]』『コアレックス[3]』は①②の意味と事例，囲み記事で軽動詞構文 (7b) が主動詞構文 (7a) よりも適切な表現であるという調査結果を報告している.

(7) a.　Don't worry.　I'll look at your PC.

　　 b.　Don't worry.　I'll have a look at your PC.

『ジーニアス[5]』は①②の意味と事例及び共起する形容詞，例えば，take a hard/long look at「（じっくり，よく）考える」などのような定型的な表現を記載している.

『ユース』は①②の意味と事例だけでなく，get a good look at, take a close look at のような表現についても記載している.

2.3.　記述の問題点

　辞書では軽動詞構文に生起する動詞は名詞に分類されている.　しかしながら，look や walk などは動詞としての使用頻度が高く，その用途も多岐に渡っている.　辞書では動詞としての記述がその大部分を占めることになるため，項目の後半か途中に名詞の用法が記載されていることが多い.　そのため，辞書によっては最小限の記述で済ませている場合もある.　これに対して，コロケーション辞典は名詞を中心に編集されており，生起する可能性のある語が詳細に分類されている.　だが look の場合は文脈により have a look には「見る」という意味と「（ある特定の）表情を持つ」という 2 つの異なる意味が生じる.　このため，両者を明確に区別するには「見ること」は動詞であり，「目や顔に現れる表情」は名詞であることを認識する必要がある.[2]

---

　[2] 出水 (2005: 175) は，このタイプの表現は「軽動詞構文ではなく，表情の所有を表す通常の have の一用法にすぎない」と指摘している.

3.　構文の意味的特徴

　この構文と主動詞構文との違いは，行為を認知主体がどのように捉えているか，その捉え方の違いの表出である．動作や行為をその瞬間ごとの動きの連続として捉える（連続スキャニング，sequential scanning）のか，それとも一まとめにして一括した捉え方（一括スキャニング，summary scanning）をするのか，その認知プロセス（Langacker (1991: 80)）の違いが構文の違いとして表されている．

　ところで，日本語の類似表現には次のような事例がある．

(8) a.　太郎が走った．

　　 b.　太郎が一走りした．　　　　　　　　　　　　　（山梨 (2019: 143)）

(9) a. *太郎が 20 分間走った．

　　 b. ? 太郎が 20 分間一走りした．　　　　　　　　　　　　（ibid: 143）

英語も同様で，have / take a V は Dixon (2005) によれば do a bit（少し …する）という意味を表すため，上記の日本語の表現に対応していると考えられる．

(10) a.　John walked.

　　　 b.　John had a walk.

(11) a.　John walked for 20 minutes.

　　　 b. ?John had a walk for 20 minutes.

山梨 (2019) は時間を捨象した一括スキャニングは，時間の継続を表す 20 分とは共起できないため，(9b) の容認性は下がると主張している．しかしながら，次のような事例はどうだろうか．

(12) a.　太郎は長く歩いた．

　　　 b.　太郎は長い散歩をした．

(13) a.　John walked for a long time.

　　　 b.　John took a long walk.

「長い一歩き」は容認度の低い表現であるが，「長い散歩」であれば容認される．この表現は名詞の統語的な枠組みに動詞を入れることによって成立しているため，元々「一歩き」「一泳ぎ」といった意味で用いられてきたはずであるが，使用頻度が高くなり「散歩する」のような形で定着（定型）化したのではないかと思われる．この軽動詞構文のみに共起可能な形容詞（have/take a fresh/hard look at, etc., have a large/big bite）もある．(14) はその典型的な事例であり，このタイプの軽動詞構文は対応する主動詞構文が存在しない．

(14)　It's time to take a fresh look at the old problem of low pay.

(LDCE[6])

4.　生起動詞のアスペクト的特性による分類

　動詞にはその動作や行為が始まってから終わるまでの時間的な持続がある．動詞の持つアスペクト的な特性に着目すると，軽動詞構文に生起する動詞を 2 つに分類することができる．1 つ目は行為が瞬間的に終了する瞬時型，2 つ目は行為がある程度の時間継続する持続型である．bite, lick のような動詞は，繰り返しが可能ではあるが，行為の持続時間は非常に短いので，常に瞬時的である．これに対し，walk, run, swim などは行為が終了するまでにある程度の時間がかかる．軽動詞構文と主動詞構文を比べると，前者の方が，行為に要する時間が短いが，それでも行為の終了までにある程度の時間がかかる．ここで注意しなければならないことは，文脈によってアスペクト的な違いが生じる動詞の場合である．例えば，look は「視線を向ける」という意味であれば瞬時的な行為となるが，「調べる」の意味を表す場合は時間的な継続を伴うことになるため，持続的となる．以下の考察で見られるように，この分類は実際の使用傾向に相関している．瞬時型は命令文での使用頻度が高く，持続型は低いからである．

5.　事例の分析

　軽動詞構文は口語で用いられることが多いため，話し言葉が比較的多く収録されている COCA を用いて調査する．COCA の言語データは話し言葉，小説，新聞，雑誌，学術論文の 5 つの部門から均等（20%）に収集されている．BNC では話し言葉の割合は 10% である．

5.1.　take a look と look：時制と使用レジスター

　COCA で検索すると，13727 件ヒットした（2020 年 1 月 31 日検索）．以下はレマ形の実数と，修正値[3] を元にした時制の割合である．

表 1：take a look の時制

take a look		時制		
take a look	11881	現在形	11667	85%
takes a look	717	過去形	2060	15%
taking a look	552			
took a look	483			
taken a look	94			
計	13727			

表 2：look の時制

look		時制		
look	260679	現在形	429612	58%
looks	98370	過去形	311098	42%
looking	204032			
looked	177629			
計	740710			

---

　[3] 動詞のレマ形で，原形は現在形だけでなく，過去形の否定・疑問文，不定詞の主動詞が過去形も含まれている．また ing 形は進行形だけでなく，分詞構文やそれ自体が名詞句となって主語や補語の役割を担っている事例もある．これらの事例を取り除いた数値を修正値として提示する．修正値は無作為抽出した 100 の事例の中から該当する事例の総数を引いたものである．

take a look は話し言葉が 10136 例あり，全体の 74％を占め，以下小説 1449 例（10％），雑誌 1030 例，（8％）新聞 855 例（6％），学術論文 257 例（2％）となっている．look の場合は小説が 303806 例で 41％，話し言葉 199794 例（27％），雑誌 113430 例（15％），新聞 87578 例（12％），学術論文 36102 例（5％）である．

5.2.　look と take a look の命令文

　コーパスでの検索数から，take a look の現在形での使用頻度は 85％であり，その多くは命令文である．動詞 look を COCA で 1,000 例ほど無作為抽出したところ，632 例が命令文であることが判明した．Takahashi（2012: 40-42）によれば look は 4 番目に命令文の多い動詞であり，Stefanowitch and Gries（2003: 232-233）は 3 番目に多く使用されることを指摘している．また look は間投詞として，注意喚起や話題転換のための談話標識（discourse marker）として用いられる（松尾・廣瀬・西川（2015: 223-229））ことも知られている．

(15) a.　Look! There's John! (MED^2)

b.　Look, I'm sorry. I didn't mean it. $(CCALD^9)$

　(15) の例文はどちらも 'look' の命令文であるが，意味と機能には違いがある．(15a) は「口語的な表現で常に命令文で用いられ，驚きや興味を持って誰かや何かを見ること」(MED^2) と定義されている．「視線を向ける（look at）」対象となる人物が存在するため，動詞 look は本来の語彙的な意味で解釈することができるからである．しかしながら（16a）には聞き手を対象である人物に注目させるための間投詞として解釈することもできないわけではない．

　これに対し，(15b) は「これから重要なことを話すので，聞き手を話し手に注目させる」$(CCALD^9)$ という「注意喚起」のための間投詞として定義されている．視線を向ける具体的な対象が存在しないため，look を語彙的な意味で解釈することはできないからである．

　辞書の記述ではこの用法を間投詞として記載するのではなく，動詞の中に

含めている場合もあり，必ずしもその違いが明確にはされていない．[4] 発話
の文脈によりいずれかに解釈されるわけであるが，辞書を見る限りでは，動
詞に分類しているものが多い．

　動詞の look が命令文として用いられる場合には，「間投詞的な注意喚起
や驚きを表す文法化した表現」と，「見る（視線を向ける）」や「調べる」な
どの語彙的な意味の 2 つがある．ところが軽動詞構文である have / take a
look の 'look' は，間投詞的な談話標識ではなく語彙的な意味を表す．軽
動詞構文では have / take が間投詞的な役割を担っていると考えられるからで
ある．単独で Look! が使用される場合は必ずしも字義通りの意味を表すわ
けではなく，間投詞的な「注意喚起」の表現として用いられる（15a, b）場
合もある．

　look は listen と同様に知覚動詞であり，命令文の多くは文法化された談
話標識である．その場合は単に聞き手に向けて注意喚起するだけで実質的な
意味はほとんどない．動詞 1 語だけが使用され，「見るべき対象」（目的語）
が示されていない事例もある．（16a）には「対象に視線を向ける」という意
味はなく，聞き手に注目させるための合図として機能している．（15b）は
「聞く」という字義通りの意味でも解釈できるが，文脈から判断すると「注
意喚起」という解釈が妥当である．

(16) a. **Look**, I'm not just not ready to ask Lorraine out to the dance.
　　　　（**ねえ**，ロレーンをダンスに誘う心の準備ができていないんだ.）

　　b. **Listen**, I gotta go, but, uh, I wanted to tell you that it's
　　　　been … educational.

---

　[1] 『ユース』は間投詞，『アクシス』はディスコースマーカーとして「間投詞的に」と記述
している．『ジーニアス[5]』は命令文で「ほら，あれ」と間投詞的に用いて相手の注意やいら
だちを表す場合に用いると書いている．『ウィズダム[4]』もほぼ同様である．『オーレック
ス[2]』に記載はなく『コアレックス[3]』では Communicative Expression として囲み記事の中
に「抗議や怒り・注意喚起を示す」という説明がある．英英辞典では *MED*[2] が常に命令文
で「驚きや興味などを示す注意喚起として用いる」，*CCAAED*[2] は慣習的な表現として「注
意喚起」，*MWALED* は「目的語なしの注意喚起」，*LDAE*[5] は「驚きや注意喚起」の会話表現
(spoken phrase)，*CALD*[4] は「怒りの表現」として記載している．*OALD*[5] には間投詞的な
用例は記載されていなかった．

（ねえ，僕は行かないといけないけど，その前に一言，本当にいろいろ学べたよ.）

（スクリーンプレイ『バック・トゥ・ザ・フューチャー』）

　これに対し，take / have a look (at) は「見る（あるいは調査などをする）対象」である目的語が明確に表現されている. look の字義通りの意味は「対象に視線を向ける」ことである. その場合，視線は対象に向けられるが，物理的に接触するわけではない. また視線と対象との間には距離があり，対象との位置関係を表す語（around, up, down）が後続した表現や，句動詞的な表現（look for, look forward to）が多く用いられる. 主動詞構文の look にはこれら全てが含まれるため，look at の事例はその中で 31％（740710例中 233959 例）に過ぎない. ところが，軽動詞構文では take a look at の事例は 66％（13727 例中 9065 例）を占める. at が後続しない事例は，前後の文に対象が明示されている（17a）か，「調べる」（17b）のいずれかであることが多い.

(17) a. Jim dug a small vial out of his pocket and handed it to me. Sitting down at the bench I opened it and **took a look**.

(Micheal Alexander "*Fine Print*")

　　b. While there was an immediate decline in traffic deaths, 2013 brought another spike, with eight deaths, six of which involved pedestrians. "We had to **take a fresh look**," said Ann Marie Doherty, a senior director at the city's Department of Transportation. "People were still getting killed so we knew we had to do something dramatic to make it safer."

(New York Times, "*No Longer New York City's Boulevard of Death*")

5.3.　持続型動作動詞の命令文

　瞬時型知覚動詞に比べ，walk や run のような動作動詞はその行為を遂行するためにより大きな身体的負荷がかかる. それゆえ，動作動詞は，命令文の使用頻度が低い. また Walk!, Run! などの一語だけの命令文は限定され

た文脈の中でのみ用いられる．陸上競技や行進の練習の際や，競馬場で観客から馬に対する掛け声，看守から囚人に対する命令などの事例が考えられる．もう少し自然で適切な事例として（18）を挙げておく．（18a）は道を尋ねられたときの答え，（18b）は「（少し急いで重要な話をしながら）一緒に歩いてほしい」という意味で，（18c）は話し手から聞き手に対する誘いとしての発話である．これらの事例は相対的に身体的な負荷が軽く，あまり押しつけがましくないという共通点がある．

(18) a.　Walk three blocks and turn right.
     b.　Walk with me.
     c.　Let's walk.

例文（7b）の事例が示しているように，軽動詞構文には丁寧さ（politeness）を示す機能もある．このことに関連して，Leech and Svartvik (2002: 223) は文末焦点の原則（principle of end focus）から，また，Algeo (1995: 205) はスタイルの点から，英語においては自動詞が 1 語だけ用いられている文は不完全で適切ではない（19a）と述べている．

(19) a.　My friend cooked.
     b.　My friend did the cooking.　　　　　(Quirk et al. (1985: 1401))

6.　結論

　英語の軽動詞構文を take a look の事例を中心に概観した．辞書・文法書では look は名詞として ①「見ること」②「調べること」の 2 つの意味が主に記述されている．辞書やコロケーション辞書は名詞を中心にして記述する傾向がある．軽動詞構文のように動詞的な要素が目的語に含まれる構文は意味的に区別して記述すべきである．

　本論では，英語軽動詞構文の事態把握のメカニズムと，構文の使用状況を事例を基に観察した．また，アスペクト的な観点から動詞の分類を行い，知覚動詞と動作動詞の命令文について軽動詞構文と主動詞構文を比較して両者

の違いを明らかにした．談話標識に多用される look のような知覚動詞は軽
動詞構文では，主動詞の have / take が間投詞的な機能を持つため，語彙的
な意味は保持される．walk, run などの持続型の動作動詞では，軽動詞構文
の中で用いられると丁寧さなどの要素が加わることになるため，命令文など
で多用される．

　以上のことから，英語の軽動詞構文は動詞の持つ語彙的な性質により，そ
の意味と機能が主動詞構文と異なる場合があると主張する．

参考文献

Algeo, John (1995) "Having a Look at the Expanded Predicate," *The Verb in Contemporary English*, ed. by Bas Aarts and Charles F. Meyer, 203-217, Cambridge University Press, Cambridge.

Biber, Douglas, Stig Johansson, Geoffrey Leech, Susan Conrad and Edward Finegan (1999) *Longman Grammar of Spoken and Written English*, Pearson Education, London.

出水孝典 (2008)「名詞 look の意味論──「目つき」と「顔つき」は同じ語義か？──」『英語語法文法研究』第 15 号，172-177.

Dixon, Robert M. W. (2005) *A Semantic Approach to English Grammar*, 2nd ed., Oxford University Press, Oxford.

Huddleston, Rodney and Geoffrey K. Pullum (2002) *The Cambridge Grammar of the English Language*, Cambridge University Press, Cambridge.

Jespersen, Otto (1940) *A Modern English Grammar on Historical Principles*, Allen and Unwin, London.

Langacker, Ronald (1991) *Concept, Image, and Symbol: The Cognitive Basis of Grammar*, Mouton de Gruyter, Berlin and New York.

Leech, Geoffrey and Jan Svartvik (2002) *A Communicative Grammar of English*, 3rd ed., Longman, London.

Quirk, Randolph, Sydney Greenbaum, Geoffrey Leach and Jan Svartvik (1985) *A Comprehensive Grammar of English Language*, Longaman, London.

松尾文子・廣瀬浩三・西川眞由美（編著）(2015)『英語談話標識用法辞典：43 の基本ディスコース・マーカー』研究社，東京.

Stein, G. (1991) "The Phrasal Verb Type 'To Have a Look' in Modern English," *International Review of Applied Linguistics* 29, 1-29.

Stefanowitch, Anatol and Stefan Th. Gries (2003) "Collostructions: Investigating the Interaction of Words and Constructions," *International Journal of Corpus Linguistics* 8(2), 209–243.

Swan, Michael (2016) *Practical English Usage*, 4th ed., Oxford University Press, Oxford.

Takahashi, Hidemitsu (2012) *A Cognitive Linguistic Analysis of the English Imperative: With Special Reference to Japanese Imperatives*, John Benjamins, Amsterdam and Philadelphia.

Trudgill, Peter (2010) *Investigations in Sociohistorical Linguistics: Stories of Colonisation and Contact*, Cambridge University Press, Cambridge.

塚本倫久 (2012)『プログレッシブ英語コロケーション辞典』小学館，東京.

Wierzbicka, Anna (1998) *The Semantics of Grammar,* John Benjamins, Amsterdam and Philadelphia.

山梨正明 (2019)『日・英語の発想と論理：認知モードの対照分析』開拓社，東京.

コーパス

COCA: The Corpus of Contemporary American English

BYU-BNC: Brigham Young University-British National Corpus

辞書・語法書

CALD[4]: *Cambridge Advanced Learner's Dictionary* 4th ed. 2013, Cambridge University Press, Cambridge.

CCAAED[2]: *Collins Cobuild Advanced American English Dictionary* 2nd ed. 2016, Harper Collins, London.

CCALD[9]: *Collins Cobuild Advanced Learners Dictionary* 9th ed. 2018, Harper Collins, London.

CCEG: *Collins Cobuild English Grammar*, 2017, Harper Collins, London.

CCEU[4]: *Collins Cobuild English Usage* 4th ed. 2019, Harper Collins, London.

LCDT: *Longman Collocations Dictionary and Thesaurus*, 2013, Pearson Education, London.

LDAE[5]: *Longman Dictionary of American English* 5th ed. 2014, Pearson Education, London.

LDCE[6]: *Longman Dictionary of Contemporary English* 6th ed. 2014, Pearson Education, London.

MED[2]: *Macmillan English Dictionary* 2nd ed. 2007, Macmillan Education, Oxford.

MCD: *Macmillan Collocations Dictionary*, 2010, Macmillan Education, Oxford.

MWALED: *Merriam-Webster's Advanced Learner's English Dictionary*, 2017, Merriam-Webster, Springfield, MA.

OALD[9]: *Oxford Advanced Learner's Dictionary* 9th ed. 2015, Oxford University

Press, Oxford.

OCD[2]: *Oxford Collocations Dictionary* 2nd ed. 2009, Oxford University Press, Oxford.（『小学館オックスフォード英語コロケーション辞典』2015，八木克正（監修），小学館，東京.）

OLDAE: *Oxford Learner's Dictionary of Academic English*, 2014, Oxford University Press, Oxford.

『アクシス』：『アクシスジーニアス英和辞典』2019，中邑光男（編集主幹）大修館書店，東京.

『ウィスダム[4]』：『ウィスダム英和辞典』第 4 版 2019，井上永幸・赤野一郎（編），三省堂，東京.

『オーレックス[2]』：『オーレックス英和辞典』第 2 版，2013，野村恵造・花本金吾・林龍次郎（編），旺文社，東京.

『コアレックス[3]』：『コアレックス英和辞典』第 3 版，2018，野村恵造（編集主幹），旺文社，東京.

『ジーニアス[5]』：『ジーニアス英和辞典』第 5 版，2014，南出康世（編集主幹），大修館書店，東京.

『ユース』：『ユースプログレッシブ英和辞典』2004，八木克正（編集主幹），小学館，東京.

第 Ⅲ 部

理論展開

第 1 章

using の前置詞的用法について
― 文法化の観点から ―*

林　智昭

近畿大学（非常勤講師）

1.　はじめに

　現在分詞 using は前置詞化しつつあり，前置詞 with との間に交替がみられるという（cf. 清水（2016），中右（2018））．中右（2018: 215）は，with のかわりに using を用いた話者は連語意識が欠けると指摘する．一方，清水（2016: 208）は，using が意味上の主語を持たないこと，他の前置詞・接続詞と共起しないことを指摘し，動詞から派生した concerning, considering, following, regarding などとの関係性を指摘している．この種の動詞派生前置詞（deverbal prepositions）は，「文法化（grammaticalization）」研究の分野で検討がなされてきた（秋元（2002））．先行研究は，確かに using の振る舞いの一端を明らかにしてはいるが，文法化の諸概念を参照することによって，using の共時的な実態をより克明に描き出すことができる．

　本稿は，動詞派生前置詞の振る舞いと比較検討しつつ，using の前置詞化を文法化の観点から捉え直すことを目的に据える．具体的には，文法化に必

＊ 本稿は，関西英語法文法研究会第 38 回例会（2019/07/13，於：関西学院大学）での発表内容に加筆修正を加えたものである．発表に際してコメント下さった皆様と，本稿の執筆にあたり内容・形式面において有益な助言を下さった査読委員の方々に御礼申し上げる．分析における英文の検討においては，近畿大学英語村（E-Cube）スタッフの皆様にお世話になった．記して御礼申し上げる．当然のことながら，本稿における一切の誤りは筆者の責任である．

須の「意味の漂白化（semantic bleaching）」が起きていないことに注目し，using は前置詞化しておらず動詞的な性質を留めていることを確認する．一方，with との交替可能性という点では前置詞的な振る舞いをなすことを指摘する．

　本稿の構成は以下の通りである．まず 2 節では，本稿の研究背景となる文法化理論，動詞派生前置詞についての先行研究を概観する．3 節では，2 節の議論を踏まえ，using の振る舞いを指摘した先行研究（清水（2016），中右（2018））を概観した上で，文法化の観点から using の再検討を行う．最後の 4 節を結語とする．

2.　研究の背景

　本稿は，語法研究・理論言語学の融合的研究と位置づけられる．具体的には，先行研究の議論を出発点として，言語現象を文法化の概念に基づき捉え直しを行う．本節では，このことを踏まえ，本稿に関わる言語現象・動詞派生前置詞の特徴を概観した上で，この現象を文法化の観点から論じた先行研究をみていく．

2.1.　動詞派生前置詞

　本節では「動詞派生前置詞（deverbal prepositions）」（Kortmann and König（1992），秋元（2002））についての記述を概観する．動詞派生前置詞は，concerning, considering, regarding, relating to, touching など，動詞の現在分詞から前置詞へと発達したものである（秋元（2002: 49））．秋元（2002: 181）は，Kortmann and König（1992: 683）による動詞派生前置詞の特徴を挙げている．秋元（2002: 181）より直接引用すると，(i) 頻度が低い，(ii) 音節数が多い，(iii) 前置詞残留（preposition stranding）のような中心的な前置詞の特徴をもっていず，統語規則から外れている，(iv) 意味範囲が限られている，(v) 動詞的特徴を保存している．

　動詞派生前置詞に関しては，文法書においても記述がある．安藤（2005: 622）では「他品詞に由来する前置詞」という項目において，秋元（2002）

が分析対象とした concerning, considering, touching が分詞に由来するも
のとして挙げられている．安藤 (2005: 622) は,「分詞構文の出自が強く感
じられる」として considering を伴う次の (1) の例を挙げている．

(1)　*Considering* his age, he looks very young.

　　　（年齢のわりには，彼はとても若く見える）　　　（安藤 (2005: 622)）

安藤 (2005: 622) は, (1) に関して「前置詞の資格を獲得するにつれて（あ
るいは, 文法化が進むにつれて), 語義の漂白化 (bleaching)（＝弱まり）が
見られる」ことに言及し,「… を考えれば → … としては」のように consid-
ering の意味が変化することを述べている．

　また, 安藤 (2005: 247) は, (1) のような considering に関し,「確立し
た懸垂分詞」という項目において, それが完全に前置詞化していると述べて
いる．安藤 (2005: 246) は「分詞節の主語は主節の主語と同一指示的な場
合」は「省略できる」ことに関連して, 分詞節が主節とは異なる「懸垂分詞
(dangling participle)」の例 (2a) を挙げている．

(2)　a.　?**Turning** *the corner*, a beautiful house struck my eye.

　　　b.　Turning the corner, *I saw* a beautiful house.

　　　　　　　　　　　　　　　　　　　　　　　　　（安藤 (2005: 246)）

(2a) は a beautiful house が分詞節の主語と解釈されるため, 分詞節の動詞
turn の意味上の主語が I となる (2b) のような文に書き替えるほうがよいと
いう（安藤 (2005: 246)）．

　最後に, Kortmann and König (1992: 683) の (iii) 前置詞残留について,
Hoffmann (2011) をみると, (3) のように, in, on などは「前置詞交替
(preposition placement)」が可能である一方, (4a) に見られるように, 動
詞派生前置詞の場合は随伴 (pied-piping) のみが可能である．

(3)　a.　The grass *on which* they walked was just planted

　　　b.　The grass *which* they walked *on* was just planted

　　　　　　　　　　　　　　　　　　　　　　　（Hoffmann (2011: 65)）

(4) a.　The lecture *during which* John finished his homework

　　b. *The lecture *which* John finished his home *during*

(Hoffmann (2011: 73)；斜体部分は筆者)

また，Declerck (1991: 552) は，関係詞節において随伴しなければならない動詞派生前置詞 concerning, during, regarding に言及している．林 (2018) は，The Corpus of Contemporary American English (COCA) によるコーパス調査を行い，動詞派生前置詞 during, according to, past, following, concerning, regarding, owing to, failing, notwithstanding, including に関係代名詞 which との随伴がみられることを観察している．林 (2018) は，during のみが生産的であり他事例の頻度は非常に低いこと，during, according to を除き随伴する動詞派生前置詞は書き言葉に生起する傾向を持つこと，を指摘している．

2.2.　動詞派生前置詞と文法化

　本節では，本稿の議論に関わる文法化の概念を概観する．文法化とは，(1) に関する安藤 (2005) の議論にもあるように，語彙項目や構文が，文法的な機能を担うようになる変化，文法項目がより文法的な機能を担うようになっていくことをいう (cf. Hopper and Traugott (2003: 1))．また，文法化に伴い，名詞・動詞などの主要な文法カテゴリーの成員としてみられる特徴が失われていくことを「脱範疇化 (decategorialization)」と呼ぶ (Hopper and Traugott (2003: 107)，秋元 (2002: 7))．Hopper (1991) は，その例として，(5) を挙げている．

(5)　*Considering* its narrow beam, the boat is remarkably sea-worthy

(Hopper (1991: 31))

Hopper (1991) によると，(5) の considering は前置詞といえる可能性があり，(2) の turning を伴う例でみたような「主節・分詞節の主語が一致する」という特徴を動詞 consider は失っている．

　次に「意味の漂白化 (semantic bleaching)」について，Hopper and Traugott（2003: 98）は，語彙的意味が，抽象的な文法的意味（特に一時性，役割関係，結合性などに関わる表現）へと変化する傾向を持つと述べる．文法化が生じる元の文脈において最も顕著であったものが，文法化の後半の段階において文法的な形式として用いられるという．したがって，動詞派生前置詞の例として，安藤（2005）の挙げる（1）がそれに該当する．

　秋元（2002: 189-190）は，OED（Oxford English Dictionary）を用いて動詞派生前置詞 concerning, considering, regarding, relating to, touching の通時的分析を行い，これらの前置詞が文法化の脱範疇化，漂白化の例であり，「本来動詞性の高い現在分詞から，主語支配を受けない，いわゆる懸垂分詞（dangling participle）的なものから，主節とは無関係な副詞的自由付加詞へと変化していき，その結果」それらが「前置詞的特徴を持つに至った」と説明している．

3.　using の用法について

　2 節では，動詞派生前置詞という現象と，本稿の議論に関わる文法化の概念を概観し，動詞派生前置詞との関わりを論じた．以上のことを踏まえ，本節では using の振る舞いを文法化の観点から検討する．本節の構成は以下の通りである．3.1 節では前置詞としての using を論じた 2 つの先行研究を概観する．それを踏まえ，3.2 節では（i）脱範疇化，（ii）意味の漂白化，（iii）前置詞随伴について，using の振る舞いを考察する．

3.1.　先行研究

　清水（2016: 197-198）は，2006 〜 2010 年出版の学術誌から 100 本ずつ論文を選び，作成したコーパスから能動態・受動態の「他動詞＋名詞」パターンをソフトウェア Charniak Reranking Parser を用いて自動抽出し，動詞が共起する名詞，使用される構文を分析している．清水（2016: 207）は，動詞 use が最頻出の動詞であり，「物質，方法，装置，値などを指す名詞と共起する傾向」を持つことを指摘する．

(6)　3C is a TEM micrograph of TiO2 nanotubes with thin walls
　　　(20nm) synthesized inside untreated commercial AAO template
　　　using a lower concentration of the precursor (1mM), for 24h. (材
　　　料科学)　　　　　　　　　　　　　　　　　　（清水 (2016: 207)）

清水 (2016: 207-208) は，(6) に言及しつつ，生起位置が文頭・文中・文
尾のいずれにおいても可能であること，分詞節の意味上の主語が存在しない
こと，他の前置詞・接続詞との共起が見られないことから，理工系の分野に
おいて using が前置詞となりつつあると述べている．清水 (2016) では，
concerning, considering, following, regarding などの動詞派生前置詞・接
続詞の存在も理由とされている．

　中右 (2018: 210-215) においても，using の用法についての観察がなさ
れている．中右 (2018: 212) は，using はあくまでも動詞 use の現在分詞
形であり前置詞として確立しておらず（「どの辞書にも前置詞としての記述
はない」），前置詞化した concerning, regarding とは対照的であるとする立
場をとる．しかし，次のように，using が前置詞 with, in, on と置換可能
な例があるとしている．

(7)　a.　Peel the apples using a sharp knife. [with]
　　　b.　The author wrote her latest novel using a popular word proces-
　　　　　sor. [on]
　　　c.　They communicate with each other using sign language. [in]
　　　　　　　　　　（中右 (2018: 212-213)：[ ] 内は，置換可能とされる前置詞）

また，中右 (2018) は，次のように，英英辞典の語義解説に着目している．

(8)　a.　My sister lives in Canada, but we talk on the phone (= using
　　　　　the telephone).　　　　　　　　　　　　　　　　[LAAD]
　　　b.　Write your essays in pen (= using a pen) not pencil.　[LAAD]
　　　c.　If something is done on an instrument or a machine, it is done
　　　　　using that instrument or machine.　　　　　　　　[COB]
　　　d.　If you do something with a tool or object, you do it using that

　　tool or object.　　　　　　　　　　　　　　　　　　　　　[COB]

(中右 (2018: 213–214))

慣用表現の中で用いられている in, on, with が using にパラフレーズされていることについて，中右 (2018: 214) は，〈その言い換えはあくまでも元の慣用表現の微妙な意味合いをそぎ落としたもので，簡潔に分かりやすく注釈的説明を加える便法〉としている．using は，英語母語話者が「無意識言語知識」として習得している「概念的区別」(i) *with* a tool or thing（人が手に持って用いるモノ），(ii) *on* an instrument（自動装置の下で自ら動くモノ）のいずれにおいても使用できる（cf. 中右 (2018: 214)；斜体部分は筆者による）．すなわち，using は「汎用性」を持つ語であり，「決して慣習的言い回しを作る前置詞相当語ではない」（中右 (2018: 215)）という．

3.2.　考察：文法化の観点から

　本節では，2 節で概観した文法化の観点から，using の用法を動詞派生前置詞の振る舞いと比較検討していく．言語データとして共時コーパス COCA, British National Corpus (BNC) を使用し，先行研究，文法書における記述を引用しつつ議論を進める．

3.2.1.　脱範疇化

　秋元 (2002: 190) は，文法化の考察において Huddleston (1984) を引用し，(9a) の considering が前置詞であると主張している．

(9) a.　*Considering* all these disadvantages, his performance was quite creditable.

b.　The committee was *considering* some new proposals.

c.　The committee *considering* the matter had met only once.

d.　*Considering* all these disadvantages, Ed decided to abandon the project.

(Huddleston (1984: 346))

(9a) は「脱範疇化の過程においては構造上の曖昧性が生じ」, その結果「動詞的機能と前置詞的機能が並存」したまま現代英語に至っている例である (秋元 (2002: 190)). (9a) は動詞・前置詞の境界線上にある性質を持つ.

　(9) の considering にみられる振る舞いは, using についても観察される.

(10)　a.　3C is a TEM micrograph of TiO2 nanotubes with thin walls (20nm) synthesized inside untreated commercial AAO template *using* a lower concentration of the precursor (1mM), for 24h. (= (6))

　　　b.　But I can let you in on this, Leonard was *using* some bad language a while ago.　　　　(COCA)

　　　c.　The resulting tax distribution of each of the three systems *using* the above example appears in Table 1 below.　　　　(COCA)

　　　d.　*Using* structural equation modeling, he found that students' intention to undertake new venture development can be traced to their belief in their ability to succeed as an entrepreneur, anticipated outcomes and rewards, and a supportive social network.

　　　　　　　　　　　　　　　　　　　　　　　　　　　　(COCA)

　　　　　　　　　　　　　　　　((10b-d) の斜体部は筆者による)

(10a) は懸垂分詞 (意味上の主語は明示されていない. 少なくとも, 主節の主語 3C ではない) であり, 動詞・前置詞と連続的な (9a) に類似したカテゴリーである. ただし, 3.2.2 節で言及することとなる漂白化の議論を踏まえると, (10a) の using の方が, (9a) と比較して動詞的性質が強いと考えられる. (10b) はいわゆる進行形, (10c) は現在分詞 (using の意味上の主語は the three systems), (10d) は分詞構文 (意味上の主語は he) である. ここで留意すべき点として, (10a) (10d) の用法は, 3.1 節の (7) (8) のように前置詞 in, on, with へ置換可能である.

　次に, 中右 (2018: 213-214) に見られる例文を再検討しよう.

(11)　(＝(8))

    a.　My sister lives in Canada, but we talk <u>on the phone</u>　(＝<u>using</u>
       <u>the telephone</u>).　　　　　　　　　　　　　　　　[LAAD]

    b.　Write your essays <u>in pen</u>　(＝<u>using a pen</u>) not pencil.　　[LAAD]

    c.　If something is done <u>on an instrument or a machine</u>, it is done
       <u>using that instrument or machine</u>.　　　　　　　　　[COB]

    d.　If you do something <u>with a tool or object</u>, you do it <u>using that</u>
       <u>tool or object</u>.　　　　　　　　　　　　　　　　　[COB]

(11) を Hopper (1991) の脱範疇化の観点から検討すると, 分詞節におけ
る using の意味上の主語は, (11a) では we, (11b) では聞き手 (you),
(11d) では you である. (11c) については, using の意味上の主語が文中に
明示されていないものの, using that instrument or machine を行う人物が
主語と推測される. (11c) は懸垂分詞・前置詞的性質へと近づいている例で
あり, 主語一致がみられないという点で動詞的な性質が失われている.

3.2.2.　意味の漂白化

(10) の各例を意味の漂白化の観点からみると, 懸垂分詞 (10a) の段階に
おいても動詞 use の意味は失われていないと考えられる. この点で, 文法
化の進行に伴い, 動詞語幹の意味が失われていく以下の considering や fol-
lowing とは異なると推測される.

(12)　*Considering* his age, he looks very young.　(＝(1))

(13)　a.　*Following* the lecture, we were able to ask questions.

(安藤 (2005: 247))

    b.　Dickens died in 1870 *following* a collapse.

(Radden and Dirven (2007: 36))

先にみたように, (12) の considering は前置詞化し, 意味の漂白化が起き
ている. (13a) の following も前置詞化しており, 前置詞 after の意味をも
つ (安藤 (2005: 247)). Radden and Dirven (2007: 36) によると, (13b)

の following は文法化しており，「因果関係（＝because of (his collapse))」
の文法的意味を表すという．

　現在分詞の前置詞への置換可能性は，それが文法化して前置詞と同等の資
格を得ていることを検討する上での参考となる．using については，Hud-
dleston（1984）の挙げる動詞的な用法であっても前置詞 in, on, with への
置換が可能である点が注目される．ここで，3.1 節の中右（2018）が挙げた
例を再検討しよう．

(14)（＝(7)）

   a.　Peel the apples using a sharp knife. [with]

   b.　The author wrote her latest novel using a popular word proces-
sor. [on]

   c.　They communicate with each other using sign language. [in]

(15)（＝(8), (11)）

   a.　My sister lives in Canada, but we talk on the phone（＝using
the telephone）. [LAAD]

   b.　Write your essays in pen（＝using a pen）not pencil. [LAAD]

   c.　If something is done on an instrument or a machine, it is done
using that instrument or machine. [COB]

   d.　If you do something with a tool or object, you do it using that
tool or object. [COB]

(14) の using は，主節・分詞節の主語一致という観点からみると，主節の
主語である聞き手（you），the author, they が分詞 using の節の意味上の主
語となっており動詞的な例と考えられる．ここで (14) における using の意
味を考えると，動詞 use の「使用する」という意味が保持されていると考え
られる．次に，(15) の各例は，3.2.1 節で検討したように脱範疇化の程度は
異なるものの，動詞 use の意味は漂白化していないと考えられる．すなわ
ち，using の場合は，品詞的には動詞的（現在分詞，分詞構文）であっても，
前置詞と同様の生起文脈において使用が可能である，ということである．

　他の動詞派生前置詞についてもそれらが漂白化を経ていないと考えられる

事例がある．辞書に「前置詞」の記載のある excluding は，using と同じく意味の漂白化が起きない．一方，excluding と同じく「除外」の意味を表す saving では漂白化が前置詞化の証拠となる（cf. 林（2016））．

- (16) a. *Excluding* this exceptional case, we examined 16 patients showing clinical signs of intestinal pseudo-obstruction.
  - b. *Excluding* Roman towns, the earliest planned towns of England can be identified in late Saxon times.
- (17) a. *Saving* energy by using a clean energy source, the 'Heatfest solution' has even wider local and global environmental implications.
  - b. *Saving* the best fruit until last, our most enthusiastic comments have been reserved for this yacht's performance under sail.

(BNC, 林（2016: 76））

(16a)（17a）が分詞構文，(16b)（17b）が前置詞へと文法化が進んだ例である．林（2016）は，(17a) から (17b) へと saving が文法化するのに伴い，「節約する」から「除外」へと意味の漂白化が起きていることを指摘している．

3.2.3.　前置詞随伴

using の振る舞いは，前置詞随伴（cf. 林（2018））という点においても動詞派生前置詞と類似する．using と関係代名詞 which の随伴例について，COCA, BNC において検索を行うと検出例は 0 である．一方，Twitter においては (18) のような随伴例が観察される．[1]

- (18) a. Hi Saleem, the gocash is available in your account *using which* the booking was made. Please DM us via the following

---

[1] 検索を行った時期は 2019 年 7 月である．(18b) は Uber India という会社のアカウントによる投稿である．従って，この用法についてはインドにおいて使用されている英語を検討する必要がある．

link so that we can share the email address. Thanks PS

b. Could you please share your registered mobile number *using which* the trip was requested via Direct Message?

個人的にネイティブスピーカーに尋ねたところ，(18) の using はいずれも前置詞 with への置換が可能であるという．このように，COCA，BNC の検出例が 0 であったことから，この用法については地域差（variation）の検討が必要となるだろう．

次に，(19) に見られるように，共時コーパスにて [*using* which NP] の検索を行ったところ，COCA において 4 例が得られた．[2]

(19) a. Did he press this business any further, and if so, *using which* officious route?

b. A documentary by Andrew Marr revealed that police officers guarding the Queen refer to her *using which* piece of cockney rhyming slang?

c. But Bora can tell you about any game in the World Cup, who scored, and who passed—*using which* leg.

d. In the chapter entitled 'The Mathematical Limits of Darwinism', Michael Behe offers some bizarre probability values (How did you compute them, Professor Behe, *using which* probability distribution?

(19) の using の生起パターンは，(20) の according to の振る舞いと類似している．

(20) Too, while American English is generally standard, American speech often differs *according to which* part of the country you are in.　　　　　　　　　　　　　　　　　　　　　　(COCA)

---

[2] BNC において [*using* which] と検索したところ，得られた 2 例は，それぞれ動名詞と進行形であった．

3.2.4.　まとめ

以上，3.2 節では using の振る舞いを (i) 脱範疇化，(ii) 意味の漂白化，(iii) 前置詞随伴，の観点から検討してきた．(i) の脱範疇化に関しては，懸垂分詞・前置詞的な用法が存在し，分詞節における using の意味上の主語が明示されず，動詞的特徴を失っており，前置詞に最も近いと思われる例があることをみた．一方，(ii) については，前置詞 in, on, with へと置換が可能な using においても動詞 use の意味が保持されていると考えられることから，意味の漂白化は認められないと思われる．この傾向は「除外」の意味が失われていない（すなわち，漂白化を経ていない）周辺的動詞派生前置詞 excluding に類似すると考えられる．(iii) については，共時コーパス COCA, BNC において，関係詞の随伴がみられないことを確認した．ただし，Twitter の検索を行った結果，インドの英語においては関係詞の随伴が使用されている例があり，前置詞 with への置換も可能であることが確認できた．COCA においては，according to と類似する振る舞いが観察された．

4.　結語

本稿では，前置詞化が指摘される using の振る舞いを，動詞派生前置詞の振る舞いと比較検討しつつ文法化の観点から論じた．分析の結果は，以下にまとめられる．

[A]　脱範疇化・意味の漂白化：動詞 use の意味は漂白化していない．ただし，漂白化していない場合（分詞構文，懸垂分詞）でも前置詞 in, on, with への置換が可能である．すなわち，using が前置詞と同じ生起文脈をとることが可能になったと考えられる．この点で，意味の漂白化が前置詞化の目印となる following, considering とは異なる．

[B]　前置詞随伴：頻度は少ないものの文脈・地域によっては可能であるかどうか検討する必要がある．

結論として，中右 (2018) において述べられているように，using の用法

が前置詞とみなされないのは，意味の漂白化を起こしていない点が大きな理由であると考えられる．辞書類において「前置詞」としての記載がなく，動詞派生前置詞との関係性が先行研究（清水 (2016)，中右 (2018)）において言及されているのは，using が動詞派生前置詞の脱範疇化，漂白化，前置詞への置換可能性，といった点において，類似しつつも異なる振る舞いをするためであろう．excluding は漂白化が見られないものの前置詞とされている．関係代名詞 which との随伴も観察されることから，using は前置詞と見なすべきである．

　今後の課題としては，(i) 地域差，(ii) 頻度，(iii) 生起ジャンル，などの検討が必要であろう．(i) に関しては，3.2.3 節での検討が示すように，地域により異なると推測される生起文脈を検討する必要がある．(iii) については，林 (2016, 2018) において，動詞派生前置詞が「書き言葉」において生起すると論じられており，清水 (2016) も理工系の分野における前置詞化を指摘している．コーパスにタグづけられた情報に基づく考察も今後の課題といえよう．

参考文献

秋元実治 (2002)『文法化とイディオム化』ひつじ書房，東京.

安藤貞雄 (2005)『現代英文法講義』開拓社，東京.

Declerck, Renaat (1991) *A Comprehensive Descriptive Grammar of English*, Kaitakusha, Tokyo.

林智昭 (2016)「『除外』の意味を表す周縁的前置詞の用法の棲み分けに関して」『日本語用論学会第 18 回大会発表論文集』第 11 号，73-80.

林智昭 (2018)「前置詞随伴に基づく前置詞らしさの規定：文法化の漸進性に関する共時的研究」『JELS』No. 35, 28-34.

Hoffmann, Thomas (2011) *Preposition Placement in English: A Usage-based Approach*, Cambridge University Press, Cambridge.

Hopper, Paul J. (1991) "On Some Principles of Grammaticization," *Approaches to Grammaticalization* 1, ed. by Elizabeth Closs Traugott and Bernd Heine, 17-35, John Benjamins, Amsterdam / Philadelphia.

Hopper, Paul J. and Elizabeth Closs Traugott (2003) *Grammaticalization*, 2nd ed., Cambridge University Press, Cambridge.

Huddleston, Rodney (1984) *Introduction to the Grammar of English*, Cambridge University Press, Cambridge.

Kortmann, Bernd and Ekkehard König (1992) "Categorial Reanalysis: The Case of Deverbal Prepositions," *Linguistics* 30(4), 671-697.

中右実 (2018)『英文法の心理』開拓社, 東京.

Radden, Günter and René Dirven (2007) *Cognitive English Grammar*, John Benjamins, Amsterdam/Philadelphia.

清水眞 (2016)「英語科学論文における能動態および受動態」『東京理科大学紀要（教養編）』第 48 号, 195-211.

コーパス

British National Corpus. Available online at <https://www.english-corpora.org/bnc/>

Davies, Mark. 2008-. *The Corpus of Contemporary American English.* Available online at <https://www.english-corpora.org/coca/>

第 2 章

様態副詞の基本位置とそこからの逸脱*

西村　知修
石川工業高等専門学校・西南学院大学大学院

1.　はじめに

　様態副詞として機能する英語の -ly 副詞は，多くの場合において発話行為
副詞や評価副詞など，様態修飾とは異なる用法をもっている．同じ副詞で
あっても用法が異なれば，その生起位置も異なる傾向があることが広く知ら
れている.[1]

(1) a.　John dropped his cup of coffee {cleverly / clumsily}.
　　 b.　{Cleverly / Clumsily}(,) John dropped his cup of coffee.
　　 c.　John {cleverly / clumsily} dropped his cup of coffee.

(Jackendoff (1972:49))

Jackendoff (1972) によれば，文末位置に cleverly あるいは clumsily が生
じている (1a) の場合は様態副詞，文頭位置に生じている (1b) の場合は主
語指向副詞として解釈される．そして cleverly の場合，それぞれ例えば
「ジョンは（わざと落としたと悟られないように自然な方法で）巧みにコー
ヒーカップを落とした」「ジョンが（みんなの注意をそらすために）コーヒー

本稿は，関西英語語法文法研究会第 37 回例会（2018 年 12 月 15 日，関西学院大学）
で発表した内容を発展させたものである．発表に対しコメントをいただいた八木克正先生，
友繁義典先生，ならびに 2 名の査読者の先生方に感謝申し上げます．
　[1] 例文中の強調はすべて引用者によるものである．

カップを落としたのは賢明であった」というような意味になるという．また，主語と動詞に挟まれた（1c）の中央位置では，cleverly は様態と主語指向のどちらの解釈かあいまいであるという．つまり，様態副詞は動詞の前側の位置にも後ろ側の位置にも現れることができるということになる．本稿では様態用法の読みが強いとされる純様態副詞（pure manner adverb）が，実際に文中のどのような位置に生起しているのか，コーパスデータに基づいて調査する．

2.　様態副詞の基本位置

　動詞を修飾する様態副詞の文中での基本位置は，経験的にも，また様々な文献が指摘するところによっても，動詞の後ろ側の位置と考えられる．それは例えば，単語の代表的な例を提示する役目を持つ辞書の例文をとってみても明らかであると思われる．

(2) a.　Ben laughed loudly.
    b.　She spoke more loudly than she intended.　　(LDOCE[6] s.v. *loud*)

(3) a.　His footsteps echoed loudly in the tiled hall.
    b.　Mac talked loudly in favor of the good works done by the Church.　　　　　　　　　　　　　　　　　　(COB[8] s.v. *loud*)

また Swan（2016: 201）も様態副詞は文末位置（end position）に位置するのが普通であると述べ，以下の例を挙げている．

(4) a.　He drove off angrily.
    b.　She read the notice slowly.　　　　　(Swan (2016: 201.1))

このように様態副詞の基本位置は動詞の後ろ側であるが，動詞の前側に生起することもしばしばある．Huddleston and Pullum（2002: 579）は，様態副詞は動詞の後ろ側（end position）のほうが好まれるとしているが，前側（central position）にも生起するとしている．Swan（2016: 201.1）は（4）の例を挙げたすぐ後に，「副詞がメッセージの中で主に焦点が当たっている

部分（main focus）でなければ，中央部に位置することがありうる」と述べ，
次の例を挙げている．

(5) a.　He angrily drove off.
　　b.　She slowly read the notice.　　　　　　　　(Swan (2016: 201.1))[2]

Swan の説明から考えると，様態副詞は脱焦点化されていない限りは動詞の
後ろ側に生起すると解釈してもよさそうだが，本当にそうなのだろうか．こ
の点について明確に述べた文献は意外にないと思われるが，Haumann
(2007) が様態副詞は必ず動詞の後ろ側に生起すると述べている．Haumann
(2007) は例えば (6) の例を挙げている．

(6) *She has loudly snored.　　　　　　　　　　(Haumann (2007: 34))

この (6) の例から，様態副詞は動詞の前側に生じることはできないという
のである．[3] Haumann (2007) によれば，動詞の前側に生じている様態副詞
にみえる例は，すべてほかの用法であるという．
　Shaer (2000) も様態用法は動詞の前には生じないとする主張を以下の
(7) の例で説明している（# は意味的におかしいことを表す）．

(7) a.　Kim had done his work passionately.
　　b.　#Kim had passionately done his work.　　(Shaer (2000: 271))

様態副詞が動詞の前後どちらにでも生じることができるのであれば，(7) の
例は両方とも問題なく容認されるはずだが，実際は (7b) は意味的におかし

---

[2]　動詞の前側に生じる angrily や slowly はほかの用法の可能性もある．例えば Gueder
(2000: 193) によれば，angrily は動詞の前では主語の心理状態を表し，主語が行う行為の
原因と解釈することもできるという．
[3]　査読者から (6) では loudly が動詞の前側にあることよりも，助動詞の存在が容認度に
影響を与えている可能性があることをご指摘いただいた．インフォーマントによれば，確
かに助動詞がある (6) のほうが (i) よりも容認度が低い．
　(i)　She loudly snored.
よって (6) の例をもって動詞の前側に様態副詞は生じないする Haumman の主張は問題が
あるといえる．

く感じられるという．それは，passionately が動詞の前側に置かれた（7b）
では，passionately は基本的に様態副詞としては解釈されにくいからである
という．

　本稿では基本的に様態副詞は動詞の後ろ側に生起し，副詞が脱焦点化など
をしていない限りは動詞の前側には生じないという立場をとる．[4] そしてこ
の立場の妥当性をコーパスデータによって検証する．本稿では Mark Da-
vies が提供する Corpus of Contemporary American English（COCA）のオ
ンライン版を使用する．[5]

　しかし，様態副詞として使われる副詞の大部分はほかの用法をもってお
り，様態用法の場合だけを調べるというのは困難である．そこで本稿では，
様態用法の読みが強い純様態副詞を調査対象とする．純様態副詞は Ernst
（1987）で用いられている用語であるが，本稿ではその分類の中でも Schäfer
（2002）が中核的純様態副詞（core pure manner adverb）と呼ぶ loudly,
tightly, brightly, woodenly を考察する．例えば quietly も純様態副詞とさ
れるが，実際には主語の心情を表すことがある．

(8)　Kim quietly had gone home to think it over.　　(Ernst (2002: 88))

この例で quietly は主語と助動詞の間に生じているので様態用法とはみなさ
れず，「穏やかな心で」という解釈になる．このような解釈ができないとさ
れるのが loudly や tightly であり，これらの副詞を検証することによって，
様態用法のときに副詞がどの位置に現れるのかを量的に明らかにすることが
できると考えられる．

---

　[4] 「基本的に」と述べたのは，主に 2 点の理由がある．1 点目は，本稿で具体的に分析す
るのは純様態副詞のみであり，様態副詞全体を分析しているわけではないという点である．
また 2 点目は，以下のような例が存在するからである．
　(i)　We gently rolled the ball down the hill.　　(Radford (1997：371))
Radford によれば，この例の gently はボールの転がし方が gentle であることを述べている
という．この文においては，主語のボールの転がし方を修飾するには gently をこの位置に
置くしかなく，動詞の前側が基本の位置だと考えられる．これら 2 点については今後の課
題としたい．
　[5] 本稿の COCA の検索結果は断りがない限り 2019 年 10 月のものである．

3.　純様態副詞の生起位置

3.1.　loudly の検証

　まずは loudly を検討する．COCA で loudly を副詞に指定して検索すると 6196 例が見つかる．このうち COCA のランダムサンプリング機能で集めた 1000 例を分析していく．本稿では loudly や tightly などの副詞が述語動詞を修飾している例のみを扱うので，形容詞や分詞を修飾したり，不定詞や動名詞を修飾したりする場合は除く．また副詞の前後にコンマが置かれて動詞から切り離されるなど，挿入的に用いられている場合や，受動態に生じている場合も，副詞の解釈と生起位置に様々な影響を与えるため，分析の対象外とする．[6] また副詞が how とともに前置されているような例も除く．このようなものを除去すると，664 例が分析の対象となる．loudly と共起する動詞で 6 例以上のものを以下に記す．括弧内の数字は loudly が動詞の前側に生起している場合の数である．

say	76 (1)	ring	15 (0)	whistle	7 (0)
speak	57 (1)	sing	14 (1)	yell	7 (0)
laugh	28 (0)	cheer	12 (1)	ask	6 (1)
call	22 (2)	play	9 (0)	clear	6 (1)
talk	18 (1)	proclaim	9 (8)	cough	6 (0)
sigh	16 (1)	shout	9 (0)	cry	6 (0)
complain	16 (2)	exhale	8 (0)	scream	6 (0)
knock	15 (0)	whisper	7 (2)	snore	6 (0)

表 1：loudly と共起する動詞[7]

---

[6] 例えば，受動態では様態副詞はしばしば動詞の前に生じる．

[7] whisper loudly の組み合わせの場合，whisper の定義には quiet という語が含まれるため，ある意味で矛盾しているが，有声音を出さないという点で quiet であり，息を強く出すという点で loud だという解釈ができるようである．

664 例中，loudly が動詞の前に生起するのは 67 例であり，割合にして動詞の前側に生起するのがおよそ 1 割，後ろ側に生起するのがおよそ 9 割である.[8] 様態用法しか持たないとされている loudly の 9 割が動詞の後ろ側に置かれるとすると，様態副詞は基本的に動詞の後ろ側に置かれるという従来の記述は事実だといえる．様態副詞は焦点があたっていないときや文体上の理由などで動詞の前に置かれることはあるが，その可能性はあまり高くない.

　しかし，loudly が動詞の後ろ側に生起するという一般的な傾向を逸脱している例がみられる．表 1 にある loudly と proclaim の組み合わせの場合，loudly が proclaim に先行する例が大半を占める．純様態副詞 loudly がある一部の動詞と共起する場合にのみ，〈動詞＋loudly〉の語順ではなく，〈loudly＋動詞〉が基本の語順になるというのは，その事実自体が興味深いことである．このような基本語順からの逸脱が起こるのはなぜだろうか.

　考えられるのは，proclaim と共起する loudly は実は様態用法ではないという可能性である.[9] loudly が他の用法をもっているとすれば，その用法のときに proclaim の前側に高い頻度で生起することは十分にあり得ることである．loudly が純様態副詞と呼ばれながらも動詞の前側に生起し，動詞の後ろ側に生起するときとは微妙に意味が変わる場合があることは，Shaer (2000) が (9) の例を用いて指摘している．loudly と proclaim の組み合わ

---

[8] 様態以外の用法をもつ大部分の副詞はこのような分布にはならない．例えば wisely を本稿と同じように COCA で分析すると，動詞の前側と後ろ側に生起する割合はほぼ同じとなる．また，例えば say と loudly の組み合わせの場合，loudly は圧倒的に say の後ろ側に生起するが，say と famously の組み合わせでは，逆に famously は圧倒的に say の前側に生起する．しかしこの famously say はしばしば過去形で「～といったのは有名なことである」という訳がなされるように，様態用法とはいえない.

[9] 別の可能性として，動詞が proclaim のときには目的語が重くなることが他の動詞と比較して圧倒的に多いため，仕方なく様態副詞が動詞の前に置かれたという可能性がある．今回分析した loudly と proclaim の組み合わせ 9 例は，proclaim はすべて他動詞であり，目的語が 2 語であるのが 2 例，4 語であるのが 2 例，直接引用が 2 例，間接引用が 3 例であった．2 語や 4 語はとくに長いとはいえない．また直接間接を問わず引用が目的語にくる場合は，普通の名詞句が目的語にくる場合と異なり，動詞と引用の間に副詞を置くことができる．よって引用は目的語として長いので仕方なく副詞が動詞の前側に置かれたとはいえないであろう．ただし，目的語の長さや情報の重さと副詞の位置との関係に関してはさらに検討する必要がある.

せが例として用いられている点も興味深い.

(9) a.　The prisoner proclaimed his innocence <u>loudly</u>.

　　　　i.　He woke up all the other prisoners.

　# ii.　He really believed that he had been framed.

　b.　The prisoner <u>loudly</u> proclaimed his innocence.

　# i.　He woke up all the other prisoners.

　　ii.　He really believed that he had been framed.

(Shaer (2000: 289))

(9a) の loudly は様態副詞なので「大声で宣言した」となり,「囚人たちを
起こした」に自然とつながる. 一方で (9b) の loudly は動詞の前側に置か
れているため様態副詞としては解釈されにくい. Shaer (2000) は純様態副
詞と様態副詞, そして動作主指向副詞 (agent-oriented adverb) との間には,
一般的に考えられるほどはっきりとした線引きはないと述べている. 動作主
指向副詞には deliberately, reluctantly, unwillingly, voluntarily などがあ
る. Huddleston and Pullum (2002) によれば, これらの副詞は行為が行わ
れた際の主語の意思を示すという. また Ernst (2002: 63) はこれらの副詞
に calmly, sadly などを加えた副詞のグループを心的態度副詞 (mental-atti-
tude adverb) と呼び, まさに心の中の態度を表す用法であると述べている.[10]
そうであるとすると, (9b) の loudly は主語の心情を表し,「高らかと」「声
高に」「自信をもって」などの意味になると考えられる.[11] loudly このよう
な用法は一般的ではなく, 特定の動詞と結びついたときに許される臨時的な
用法かもしれない.

　それでは COCA で loudly が proclaim の前後に生じている例をみてみよ
う.

---

　[10] 分類の名称や方法が研究者によって異なるが, ここでは様態用法でないという点が重
要である.

　[11] これらの日本語訳では様態用法と解釈することもできるが, あくまで主語の心情を表
したものと考えられたい.

(10)　Before my husband or I could answer, my daughter **proclaimed** loudly enough for everyone to hear, …　　　　　(COCA 2009: MAG)

(10) は loudly が proclaim の後ろ側に生起し,「全員に聞こえるくらい」と続くことから明らかに様態用法の例である. 次の例は loudly が proclaim の前側に生起し, 様態用法でない可能性がある例である.

(11)　"He's a rising star," I, a lowly graduate student, proudly and loudly **proclaimed** to a room full of seasoned professionals.
　　　　　　　　　　　　　　　　　　　　　　　　　(COCA 2017: ACAD)

この例で loudly は proudly と並列されている. proudly は様態副詞としての用法もあるが, 小西 (1989: 1460) は proudly が文頭位置または文中で用いられる場合は様態用法ではなく, 主語を修飾する働きであると述べている. よって (11) の proudly も動作の様態ではなく主語を修飾するものであり, and によって proudly と並列されている loudly も主語の修飾をしている可能性がある.[12]

　ここまで loudly が proclaim の前側に生起する理由として, loudly が proclaim と共起するときには様態用法ではないからであるという可能性を示した. しかしなぜ proclaim と共起するときに様態用法ではなくなるのだろうか. Schäfer (2002: 317) や Ernst (2002: 88) は様態副詞がほかの用法になるときには比喩的拡張が関係していると述べている. 例えば, loudly は knock, cough などと共起しても, 物理的に音が大きいことを示すだけであるが, proclaim と共起した場合は「大声で宣言する」という物理的な意味から, 大声は自信を表すという比喩が働く. そしてこの組み合わせの場合には「自信をもって宣言する」という意味的拡張がおこり, その意味変化が生起位置にも変化をもたらすのである.[13]

---

[12] 筆者が尋ねた 3 名のインフォーマントの反応はそれぞれ「loudly には様態用法しかない」「本稿の意見には同意するが自分は様態用法として捉えると思う」「本稿の意見に同意する」というものであり, 必ずしも本稿が想定する読みになるわけではない. しかし確立された用法でない以上, ネイティブのそのような反応はむしろ当然といえよう.

[13] 表 1 には挙げられていないが, berate や denounce などの動詞の場合も, loudly はそ

　このように，純様態副詞とされる loudly は動詞の後ろ側にほぼ限定されることが量的に明らかになった．しかし，一部の動詞と共起する場合は loudly が副詞に前置する頻度のほうが高いという逸脱的なパターンがみられた．そしてそのようなパターンのとき loudly は様態用法ではない臨時の用法で使用されている可能性を指摘した．

3.2.　tightly の検証

　次に tightly を検討する．COCA 全体では 9633 例が検索されるが，ランダムサンプリングで集まった 1000 例のうち，検討の対象となるのは 369 例であった．tightly と共起する動詞で 5 例以上のものを表 2 に示す．

hold	65 (0)	squeeze	12 (0)	grasp	7 (0)
grip	28 (3)	say	11 (0)	smile	7 (0)
cover	27 (0)	close	10 (0)	tie	7 (0)
wrap	27 (2)	pull	10 (0)	grab	5 (0)
hug	20 (0)	clutch	9 (0)	pack	5 (0)
roll	14 (0)	fit	7 (0)		

表 2：tightly と共起する動詞[14]

369 例中，tightly が動詞の前側に生じたのは 25 例であり，様態用法しかもたないとされる tightly は動詞の後ろ側に生起するのが基本であることがはっきりとわかる．

　しかし，tightly も一部の動詞と共起する場合には，それらの動詞の前側

れらの前に生起しやすい．これらの動詞と loudly が共起する場合も，似たような意味の変化があると思われるが，「激しく非難する」という程度を表す用法と考えた方がいいかもしれない．いずれにしても，様態用法からは意味が拡張している可能性が考えられる．ただし，proclaim と意味が似ている declare や，berate と似ている complain や criticize の前側には特筆に値するほど loudly は生じていない．

[14] 表中の say tightly は唇を結んで，あるいはとがらせて，「怒って，いらいらしていう」という解釈ができるようである．ただしインフォーマントの 1 人は「このような組み合わせは聞いたことがなく，何の意味も表さない」と述べている．

に生起する頻度が高くなることがある．表 2 には挙げられていないが，サンプリングデータでそのような共起動詞として control と restrict の 2 つが確認できた．[15] tightly と control の組み合わせは 4 例あり，そのうち 4 例とも tightly が control の前に現れる．また tightly と restrict の組み合わせは 2 例あり，2 例とも tightly が restrict の前に置かれる．

(12) a.　Early in the study, Teacher 2 <u>tightly</u> **controlled** her students' communication opportunities.　　　　(COCA 2015: ACAD)

   b.　… doctors and dentists are expected to be vigilant in following federal drug laws, which <u>tightly</u> **control** the kind of drugs used to sedate patients for dental procedures.

(COCA 2010: NEWS)

(13)　Run by well-educated white-collar professionals in China's biggest cities, the churches own property and have nationwide alliances—something anathema to the party, which <u>tightly</u> **restricts** nongovernmental organizations.　　　　(COCA 2019: NEWS)

(12b) のように目的語が長い例では tightly は脱焦点化された様態用法かもしれないが，これらの例でも比喩的拡張が起こっている可能性がある．hold や grip と tightly が共起する場合，物理的な硬さや窮屈さを表している．しかし control や restrict と共起する場合は比喩的な窮屈さであり，物理的な様態を示しているわけではない．そうして純粋な様態用法ではなくなり，様態用法の基本的な生起位置から外れるという一連の流れは loudly の場合と同じであろう．

　意味の比喩的拡張と生起位置の変化に関してはさらなる検証が必要だが，ある動詞と共起した場合に限り，その動詞の前側に tightly が高い頻度で生起することがある点，それ以外はほとんどの場合で動詞の後ろ側に生起位置

---

[15]　表 2 では grip や wrap の前に tightly が生じる例があることが示されているが，いずれの例も次のような様態用法である．
　　(i)　Tightly wrap a doily around a vase.　　　　(COCA 2008: MAG)

が限定される点は loudly と同じであることが明らかになった.

3.3.　brightly の検証

　次に brightly を検討する. COCA 全体からは 4035 例が検索されるが,
ランダムサンプリングで集まった 1000 例のうち, 検討の対象となる例は
319 例であった. brightly と共起する動詞で 3 例以上のものを以下に示す.[16]

shine	83 (0)	ask	7 (1)	gleam	4 (0)
say	77 (0)	add	4 (0)	flare	3 (0)
smile	34 (0)	blaze	4 (0)	flash	3 (0)
burn	17 (0)	come	4 (0)	twinkle	3 (0)

表 3：brightly と共起する動詞[17]

319 例のうち brightly が動詞の前方に生起している例は (13) の 2 例のみで
ある. (13a) は倒置が生じている.

(13)　a.　<u>Brightly</u> **dawns** our wedding day.　　　(COCA 1990: FIC)

　　　b.　To divert her attention from the quantity, and acquire ammuni-
tion for my sales pitch, I <u>brightly</u> **asked**, "What's the stuff
for?　　　(COCA 1995: MAG)

この 2 例を除き, brightly は述語動詞を修飾する際, その動詞の後ろ側に生
起する. loudly や tightly の場合には, いくつかの共起動詞で副詞が先行す
るのが基本語順と考えられる例が存在したが, brightly の場合には見つから
なかった. また loudly や tightly の場合は, 脱焦点化や文体上の理由など
から動詞の前側に生起したと考えられる例が一定程度の割合で存在していた

---

[16]　COCA で brightly と共起する動詞を検索すると, color や light が上位にくるが, そ
のほとんどが「brightly＋過去分詞＋名詞」のパターンである. brightly がこのパターンで
よく使用されることは, 滝沢 (2017: 77) における BNC での検索結果と同じである.

[17]　表中の add brightly の組み合わせのとき, add は「付け加えて述べる」の意味であり,
say brightly と同じく「笑顔で, 明るい調子で述べる」のような解釈ができるようである.

が，brightly の場合はないに等しい．loudly や tightly と比較して，brightly
は生起位置の限定の度合いが強いのである．(13) の例も brightly が様態用
法である可能性が非常に高いと考えてよいだろう．

　このような事実を考えると，brightly は純様態副詞としての性質を強く保
持していると主張できるかもしれないが，brightly 自体の性質というより，
共起動詞の性質が関係している可能性がある．表 3 にあるように，brightly
の共起動詞は shine 系の動詞がほとんどである．smile も笑顔を光の比喩と
考えれば shine 系に分類できる．この shine 系の動詞はほとんどが自動詞と
して使用されている．すなわち，目的語を強調するために様態副詞を動詞の
前に置いて脱焦点化するという選択肢が，shine 系動詞と共起しているとき
にはそもそも存在しないのである．そのため，brightly は動詞の後ろ側に限
定される可能性が高くなっていると考えることができる．

3.4.　woodenly の検証

　次に woodenly を検討する．woodenly は例が少ないので，ランダムサン
プリングせずに COCA 全体から検索する．COCA 全体からは 46 例を見つ
けることができ，これらの例のうち 33 例が検討の対象となる．woodenly
と共起する動詞で 2 例以上のものを表 4 に示す．

stand	7 (0)	stare	4 (0)	sit	2 (0)
say	6 (0)	describe	2 (2)		

表 4：woodenly と共起する動詞

33 例のうち，動詞の前側に生じているのは 4 例のみであるから，やはり動
詞の後ろ側が様態副詞にとって基本の位置であることに変わりはない．

　表 4 で挙げられている動詞の中で，describe は 2 例とも woodenly が副
詞の前に置かれている．

(14) a. A past notice for a technical consultant slot at the Department of Energy, for instance, <u>woodenly</u> **described** the job as "using all your communication and scientific skills to ensure that the proper environmental, safety, and health programs are developed and implemented." (COCA 2004: MAG)

    b. Times man Michael Specter doesn't <u>woodenly</u> **describe** the strategy memos of sundry campaign consultants; …

(COCA 1992: MAG)

これらの例では woodenly が脱焦点化された様態用法であるという可能性は排除されない.[18] しかし例えば（14a）は,「ぎこちない様態で説明する」という意味でとるよりも,「ぎこちないことに〜と説明している」「〜と説明しているが, ぎこちないものである」のように, 主語である a notice が wooden だと評価する用法と考えるほうが状況に合っているように思われる.[19] 3.1 節で挙げた proudly のように, 副詞が行為の様態ではなく主語の性質を修飾する場合, その副詞は文の中央部, すなわち動詞の前側に置かれるのが基本とされる.（14）の例の woodenly もそのような機能を臨時的に果たしている可能性があるのである.

　このような用法の変化がおきていると断定することは今のところできない. しかし, woodenly の場合もほとんどは動詞の後ろ側に生じるが, 特定の動詞と共起するときに動詞の前側に置かれる頻度が高くなるということがわかった. これは loudly や tightly と共通する点であり, そこには比喩的拡張のような, 何か共通したメカニズムが働いていると思われる.

---

[18] 査読者から（14）は目的語が長いため woodenly を動詞の前に置いたという統語的要因も検討する必要性をご指摘いただいた. ご指摘の通りであり, 今後さらに検討する必要がある. 本稿では woodenly の意味が様態用法とは異なり, そのことと生起位置との間に関係があるのではないかということのみに焦点をあてている.

[19] 本稿の分析はインフォーマント 3 名中 2 名に支持され, 1 名は woodenly には様態用法しかなく,（14）の文自体がおかしいと述べている.

4.　まとめ

　本稿では，様態用法に強く限定されるといわれている純様態副詞 loudly, tightly, brightly, woodenly の生起位置と共起動詞を COCA で検証した. そしてこれらの副詞は動詞の後ろ側にそのほとんどが生じ，様態副詞は基本的に動詞の後ろ側に生起するという従来の説明を裏付ける結果となった. 従来の説明ではどれくらいの頻度で動詞の前側に生じるのか不明であったが，それを量的に示すことができた.

　またこれらの副詞の多くで，ある一部の動詞と共起した場合にのみ動詞の前側に生起する頻度が高くなるという，様態副詞の基本位置からは逸脱したパターンがみられた. この理由として，副詞はある特定の動詞と共起する場合に，比喩的拡張あるいは類推などによって意味が変化し，それが用法の変化，そして生起位置の変化をおこしているということが考えられる. 多くの様態副詞は様態用法以外の使い方が定着しているが，loudly や tightly などでは定着しているとはいえず，臨時的な用法にとどまっているのではないかと推測される. それがなぜなのかについては今後の課題としたい.

参考文献

Ernst, Thomas（1987）"Why Epistemic and Manner Modifications are Exceptional," *BLS* 13, 77-87.

Ernst, Thomas（2002）*Syntax of Adjuncts*, Cambridge University Press, Cambridge.

Geuder, Wilhelm（2000）*Oriented Adverbs*, Doctoral dissertation, Universität Tübingen.

Haumann, Dagmar（2007）*Adverb Licensing and Clause Structure in English*, John Benjamins, Amsterdam.

Huddleston, Rodney and Geoffrey K. Pullum（2002）*The Cambridge Grammar of the English Language*, Cambridge University Press, Cambridge.

Jackendoff, Ray（1972）*Semantic Interpretation in Generative Grammar*, MIT Press, Cambridge, MA.

小西友七（編）（1989）『英語基本形容詞・副詞辞典』研究社，東京.

Radford, Andrew（1997）*Syntactic Theory and the Structure of English: A Minimal-*

ist Approach, Cambridge University Press, Cambridge.

Schäfer, Martin（2002）"Pure Manner Adverbs Revisited," *Sinn and Bedeutung VI, Proceedings of the Sixth Annual Meeting of the Gesellschaft für Semantik*, 311–323.

Shaer, Benjamin（2000）"Syntactic Position and the Readings of 'Manner' Adverbs," *ZAS Papers in Linguistics* 17, 265–286.

Swan, Michael（2016）*Practical English Usage*, 4th ed., Oxford University Press, Oxford.

滝沢直宏（2017）『ことばの実際 2　コーパスと英文法』研究社，東京.

辞書

COB[8]: *Collins COBUILD Advanced Learner's Dictionary*, 8th edition（2014）, HarperCollins, Glasgow.

LDOCE[6]: *Longman Dictionary of Contemporary English*, 6th edition（2014）, Pearson, Harlow.

第3章

X is the new Y, X is the new black, そして orange is the new black
―社会変動をベースとするメトニミー拡張―

友繁 有輝

大阪大学大学院言語文化研究科博士後期課程

1. はじめに

　本稿は，X is the new Y から展開される X is the new black 及び orange is the new black について，その意味と用法について論じる．本論文では，この構文は，認知主体が社会変動を察知することで産出され，X is the new black をプロトタイプとし，かつ文脈によって X と Y が近接する事物を指すメトニミーとして展開されることで，メタファーとして機能することを主張する．

　本論文の構成は次の通りである．第2節において，X is the new Y の構成要素とスキーマ (Antonopoulou and Nikiforidou (2011), Fillmore (1988), Goldberg (1995, 2019), Hoffmann and Trousdale (2013), Lakoff (1987)) について概観する．第3節では，社会的要因と構文の関係性ついて考察し，第4節で仮説と研究手法について述べる．第5節から，COCA のデータをもとに政治のジャンルで X がメトニミーとして機能する例を観察する．第6節ではプロトタイプとしての色彩語と構文の関係性，そして最後に X と Y がメトニミーとして拡充する事例を取り上げる．

2. 構成要素とスキーマ

　まず X is the new Y の構成要素である "be", "new", "the new" につい

て触れる．Be 動詞の種類に関しては，X is the new Y の be 動詞は，"She was a lawyer" のようなコピュラ文である（Huddleson et al.（2002））．Declerck（1988）によると，X is Y のようなコピュラ文は大きく分けて2つの機能（詳細化すれば下位分類はもっとあるが）— specification（特定）と predicational（叙述的）—があると指摘している．確かに，叙述的な機能は特定のものを描写するというよりは単に主語の名詞句についての特徴，役割，機能，成員について叙述することであるが，コンテクストがあれば指示的なはたらきをする場合もある（Declerck（1988: 55））．

さて，このコピュラ文の構成要素の "new" の定義を *Oxford English Dictionary*（*OED online*）[1] で調べると，第1義に，"That has not previously existed, differs from what existed in the past" という説明があり，その中の1つ目の辞意が，"Not previously existing; now made or brought into existence for the first time"，2つ目に "Of a kind now first invented or introduced; novel, newfangled; original" という定義が載っている．尚且つ，(1) から "the new black" というチャンクが重要な役割を担っていることに気がつく．

(1)　*the new*—（and variants）: designating a cultural phenomenon or trend thought to have matched the prevalence or success of the specified precursor; frequently in formula—*is the new*—.*the new black*: a colour in such vogue with clothing designers as to rival the traditional role of black as a staple or background colour for garments; (*fig.*) something which is suddenly extremely popular or fashionable.

OED の説明では，"the new" は，"X is the new Y" という形で活用されることが多く，"X is the new black" の比喩的な解釈としては，X が突如として流行することや，それが人気になることだと示されている．これは，今

---

[1] 第2版（1989年版）の50万語，引用句250万，補遺全3巻分が収録されているほか，第3版に収録予定の新語や改訂された語が逐次追加されている．

までXだと考えられていたものが，ある作用によってなにがしかの変動が生じ，その結果，認知主体がある事象に対してXではなくてYであると認識することを含意している．なお，これらの構成要素から導き出されるX is the new Y のスキーマの意味は (2) のようにまとめることができよう．

(2)　過去に存在したXは今までにない形でY（特徴，役割，機能，何らかの成員）として存在する．

3.　社会的要因と構文の関係性

X is the new Y のスキーマ—「過去に存在したXは今までにない形でYとして存在する」—のXとYに組み込まれる語は，社会的要因（Fair-clough (2001)，Halliday (1978)）との関連性が高いという趨勢がある．特にX is the new black は，ファッションのジャンルで利用される傾向が強く，後に詳述するように，プロトタイプとして色彩語が代入される．

社会と色彩語の関係性に関して大月 (2019: 131) は，(i) 新しい社会や時代において新たに出現した事態（例えば，発明品，政治結社）を指すもの．(ii) 翻訳により他言語から借用する場合（既に他言語では慣用表現となっているものも多い）．(iii) 創作・架空の世界（小説，戯曲，映画など）の中における新たな事態を指したり，表現上の効果をねらったもの等である，というように3つに大別している．

本稿で取り上げる構文は，主に (i) と (iii) が誘因となったものだと考えて差し支えないだろう．人間と社会の流れはジャン・ボードリヤールの言葉を借りれば，文化的ルクシクラージュ[2]によるものであり，その移ろいを認知主体が察知することで，"X is the new Y" のXとYにその場に応じた名詞が取り入れられる．実際に，ある社会的現象に伴って語彙が選択される

---

[2] 現代社会のこの組織原則は「大衆」文化全体を支配している．文化変容を経験するすべての人々を待ち受けているのは，文化そのものではなくて，文化のルクシクラージュ，つまり「流行に通じていること」，「何が起こっているのかを知ること」であり，毎月毎年自分の文化的パノプリ［パッケージ］を更新することなのである（ボードリヤール (2017: 158)）．

ケースは少なくない（大月（2019））．次節では，具体的に仮説と研究手法について述べる．

4.　仮説と研究手法

4.1.　仮説

本稿では，社会的要因と構文の関係性について以下の（3）を仮説として設定し，COCA のデータと照合した．

(3)　仮説

X is the new Y は，「これまでの X が今までにない形で（社会／環境の遷り変わりにより）Y として存在する」という〈変化〉（中村（2019））を中心的な核とするスキーマであり，下記の図のように X (color) is the new Y (color) をプロトタイプとし（文脈に応じて X や Y がメトニミーとして近接の事物を指す場合もある），"orange is the new black" は，社会変動をベースとしたメトニミーの拡張事例となる．

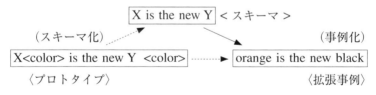

図1：X is the new Y のスキーマと拡張事例

4.2.　研究手法

（3）の仮説を検証するためには，ある程度のまとまった用例が必要となる．そこで，本論文では COCA（他のコーパスは使用していない）を活用して X is the new Y 及びに X is the new black の X と Y にどのような名詞が差し込まれるのかを考察した．分析の手順は次の2点である．1) [n*] is the new [n*] と [n*] is the new black を検索[3]し，初めの 100 のサンプルを抽出する．2）スロットに差し込まれる名詞のコンテクストのジャンルを特定した後にジャンル別に分類をするという手法である．

　X is the new Y と X is the new black の全ての X と Y の名詞が使用される場面（ジャンル）の上位 5 位は，政治（18%），ファッション（18%），宗教（8%），スポーツ（6%），ビジネス（6%）となる．全体で一番多いのは，その他[4]のジャンル（44%）であるが，換言するならば，スロットに入る名詞は自由度が高いものである．だが，政治や宗教などのジャンルでの使用率が少なくないことを加味すると，本論文 1 つ目の主張「社会的要因が原動力となり変化が起こる」ことを裏付ける指針となろう．次節では上記でのデータをもとに，この構文と相性の良い政治のジャンルでの使用に注目してみよう．

5.　政治のジャンルでの使用

5.1.　X と Y に代入される名詞

　本節では，COCA で X is the new Y を検索した際の政治のジャンルでは，主に認知主体者から見た政界で重要視されている事態・人物（その人物の振る舞い）・国の変化を表すことが明らかとなった．下記の表は，X is the new Y の政治のジャンルで利用されている X と Y の名詞をまとめたものである．

---

　[3] [n*] is the new [n*] 及びに [n*] is the new black の有意な合計数は，66 例であり，その内の 41 例が前者の検索結果である．COCA での全体数は前者が 100 例，そして後者が 25 例であった．その中で，地名（New York），新聞名（New York Times），X is the new face of Y や X is the new source of Y などの固有名詞や構文は，本論文の趣旨とは異なるためカウントしていない．

　[4] その他のジャンルには（食，環境，テクノロジー，音楽，犯罪，ヘルス，ドラマ，車産業，経済，化学，生化学，ブロードウェイ，カウンターカルチャー，性，映画，年齢，出生，ホテル，ゲーム）が含まれる．

表1：政治のジャンルでXとYに代入される名詞

X	Y	内容
ENTERTAINMENT	BLACK	政治界でのエンターテイメント性
BUSH	HITLER	大統領のファシスト的振る舞い
CHINA	HEAVYWEIGHT PLAYER	中国の台頭
CHINA	BETLWAY	中国の台頭
BLUE	RED	政界のファッションとその変容
BLOOMBERG	POSTER BOY	政治とドラック
BITCH	BLACK	政治・人種（ヒラリー・クリントン・本について）
BERLUSCONI	MACHIAVELLI	イタリアの政界の重要人物の変容
AMERICA	ROME	米国の権力（ジョージ・W・ブッシュについて）

表1から判断できるように，遷移の内容は多岐に渡るものの，話し手・書き手がなにがしかの社会的潮流の変移を察知することで，XとYに名詞が入る構図が読み取れる．この中には，Xがメトニミーとして何を表すのかを特定しなければ解釈が成り立たないものもある．なかでも "bitch is the new black" は，Xがメトニミーとし発展していく点で注目に値するため，この表現の一般的解釈とXの部分が，どのように伸展していくのかについて目を転じてみよう．

5.2. "bitch is the new black" の文脈と背景

　通常，人物の移り変わりを示す時にはX is the new YのXとYに人物名が含有されるか（"Bush is the new Hitler", "Berlusconi is the new Machiavelli"），Xがメトニミーとして人物を指す場合がある．ところで，動物メタファーの代表的な研究（渡辺（2013））では，dog（通常男性に対する蔑義）の下位語の分類から，bitch「ガミガミ女，意地悪女」，puppy「生意気

な若者，青二才」，whelp「悪がき，青二才」tyke「田舎者，くだらないやつ」
など人間に対して蔑義があることを解き明かしている．COCA では女性に
対する見解を表すために，"bitch is the new black" が用いられているため，
他の下位語は発見されていない．この表現は文脈がなければ「ガミガミ女・
意地悪女が流行っている」という趣旨になろうか．全体像を見渡すため，
COCA の文脈（4）から解釈を探っていこう．（下線部筆者．以下同じ．）

(4)　Tina is pretty good with the quips.　She famously claimed, "Bitch
　　　is the new black" in an ode to Hillary Clinton on SNL's "Week-
　　　end Update," and she verbally sliced and diced Republican vice-
　　　presidential candidate Palin in the heat of election season last
　　　year.　(COCA)

どうやら Tina（ティナ）は，気の利いた言葉を使うのがとてもうまいらし
い．この点において，彼女は有名なことに「意地悪女が流っている」とサタ
デーナイトのウィークエンドアップデイトでヒラリー・クリントンを賛美し
たことが素描されている．SNL とは，リベラル派の NBC の *Saturday
Night Live* の略で，この番組の中に時事番組をパロディとして紹介する
ウィーケンドアップデイトというコーナーがある．その番組の司会者ティナ
が，ヒラリーへの褒め言葉として "bitch is the new black" と発言したこと
で注目を浴びた．すなわち，この文脈では "bitch" がクリントンを表してい
る．その時の実際の発言を（5）に顕示する．

(5)　TINA FEY:　Maybe what bothers me the most is that people say
　　　　　　　　　that Hillary is a bitch.　Let me say something about
　　　　　　　　　that: Yeah, she is.　So am I and so is this one.
　　　　　　　　　[Points to Amy Poehler]
　　　AMY POEHLER:　Yeah, deal with it.
　　　TINA FEY:　You know what, bitches get stuff done.　That's why
　　　　　　　　　Catholic schools use nuns as teachers and not
　　　　　　　　　priests.　Those nuns are mean old clams and they

> sleep on cots and they're allowed to hit you. And at
> the end of the school year you *hated those bitches*
> but you knew the capital of Vermont. So, I'm say-
> ing it's not too late Texas and Ohio, bitch is the new
> black!

　初めのティナの発言から，人々がヒラリーのことをビッチと呼ぶことが彼女を悩ませていることがわかるが，彼女は自分も含め，もう一人の司会者（Amy Poehler）を指差しながら大胆にも彼女もビッチだと指摘している．興味深い点は，"bitches get stuff done"（ビッチは物事を成し遂げる）と言うことで，典型的には否定的なイメージのある "bitch" に対してプラスの評価を下しているところである．加えて，カトリック学校の修道女を引き合いに出して，人から嫌われることと比例するかのように，仕事をやり遂げる姿が素描されている．この展開を勘案すると，最後の下線部の "bitch is the new black" とは，ヒラリーは物事を成し遂げることができる人物だと賛賞しながらテキサス州，オハイオ州の住民に彼女に投票するよう呼びかける機能があるといってよい．

　こうしてみると，(5) の背景にはティナが "bitches get stuff done" という新たな社会紐帯の遷移を認識し，その構造を大統領選挙，ひいてはクリントンに照合した結果生み出されたものだといえる．その上，人々をクリントンに投票させることで，結果としてクリントンが大統領になるという潮流を作り出し，聴衆をその流れに巻き込むため（視点の移行や説得）の手段の一部だとも解釈できるはずである．

5.3. "bitch is the new black" のメトニミー拡張と解釈

　事実，この社会的動向に影響を受けた作家がいることも明記しておく必要があるだろう．というのも COCA では 2010 年に出版された Helena Andrews による *Bitch Is the New Black: A Memoir* という著作に関する用例[5]

---

[5] Helena Andrews—she's a journalist who's written for Politico and The Root. Her book, which is coming out in June, is called — and I apologize to those who might have

が散見されるからである．彼女は作家，ジャーナリスト，そしてポップカルチャーの批評家という肩書を持つ黒人女性だが，当初は単なる日々の出来事をブログで書いていた．それが独身かつ黒人女性としての経験の記録となり，20 代独身黒人女性の自伝となる．現代の黒人女性に影響を与え始めたのがトリガーとなり，この本が出版されたというわけだ．さらに，この本には Andrews（アンドリューズ）の独特の考え，かつ独身の黒人女性が生きていくための知恵が隠されており，機知に富んでいる．本の見開きには，"she comes to realize that being bitch is sometimes the best way to be— except, of course, it's not" と記述されており，彼女は「意地悪女」でいることは時に最善の方法だと気がついたことが伺える．別言すると，物事を成し遂げる上で時にはアグレッシブになることが避けて通れないというメッセージ性[6]があるだろう．以上の議論から，"bitch is the new black" の解釈の段階性は次のようにまとめることができる．

表 2："bitch is the new black" のメトニミー拡張と解釈

① 辞書的意味	（bitch＝意地悪女） →〈意地悪女が人気である〉
② 人物	（bitch＝意地悪女＝ヒラリー） →〈ヒラリーが人気である〉
③ 社会的潮流	（bitch＝意地悪女＝ヒラリー，ティナ，エイミー，アンドリューズ＝物事を成し遂げる女性） →〈物事を成し遂げる女性が人気である〉

① は辞書の意味，② は "bitch" がヒラリーを指す場合，③ は新たな社会潮流による解釈である．したがって，この新奇な表現は米国社会の変化を使用者が認識することによって誘発されたものだと結論づけられる．

---

little ears listening, and we'll try to avoid the overuse of this word—"Bitch is the New Black." (COCA)

[6] YouTube の *Helena Andrews talks about her new book on Let's Talk Live* という彼女のインタビューでは，本のタイトルは 2008 年の大統領選の時の SLN のティナの表現を参考にしたと述べている．

6.　構文と色彩語

6.1.　スロットと色彩語

　これまで政治のジャンルと構文の X に入る名詞のメトニミー拡張につい
て論じてきたが，本項では本論文の 2 つ目の主張[7]——「X is the new black
の X には，プロトタイプとして色彩語が代入され，ファッションの分野で
使用される傾向がある」——に焦点を当ててみたい．COCA からどのような
色が X と Y に入るのか調べると，以下に記述する色彩語が検出された．
（検索手法は，[n*] is the new black と [n*] is the new [n*]．）

　第一に，[n*] is the new black で検索すると，"orange is the new black"
が一番多く見出されるが，その他には，"black"，"pink"，"white"，"blue"，
"scarlet"，"beige"，"nude"，"gray"，"gold"，"color"，"brown" などの幅
広い色彩語がスロットに組み込まれる．第二に，[n*] is the new [n*] の検
索結果は，"orange is the new black"，"blue is the new green"，"blue is
the new red" が検出される．いずれにせよ，スロットの色彩語は一般的に
その時々の流行の色を表しているといってよい．

6.2.　X (color) is the new Y (color)

　X (color) is the new black と X (color) is the new Y (color) では微妙
な差異があることも述べておかなくてはなるまい．例えば，X (color) is
the new black の場合は，ファッションのジャンルに限定される表現である
のに対して，X (color) is the new Y (color) の場合は「流行する」という
意義は保持されつつも，COCA では環境と政治のジャンルでの応用が認め
られる．例えば，"blue is the new green" は環境問題について，緑色が環
境を指す (OED) というプロトタイプの内包的意味から青色が環境を顕示す
るというパラダイムシフトが確認される．あわせて，"blue is the new red"

---

[7]　筆者はオンライン英会話 Cambly を利用して，アフリカ系アメリカ人（年齢不詳）に
"X is the new black" は主にどのようなシチュエーションで使用されるのかを聞いたと
ころ，主にファッションのジャンルでの使用が多いことを確認できた．これは，本論文の
主張をサポートする意見と言える．

は，ファッションが政治の場で応用された時の例であり，COCA の文脈ではジョージ・W・ブッシュの青色のネクタイが超党派の支持を得ていることを表し，ひいてはその当時の政治的状況を描写する表現となっている.

　要するに，X (color) is new Y (color) の Y に "black" 以外が入るケース[8]では，コンテクストとメトニミー拡張が一体不可分であることが示唆される．それでは最後に X と Y がコンテクストに応じてメトニミーとして展開していく "orange is the new black" について考察する.

7.　Orange is the new black

7.1.　"Orange is the new black" の初出箇所

　"Orange is the new black" は，X is the new Y をスキーマとする他の用例と比較すると，極めて新しい表現である．COCA の chart 機能を活用して使用年代を確認すると，2010 年以降から用いられていることが認められる．その理由として，2010 年に出版された *ORANGE is the new BLACK: MY TIME IN A WOMEN'S PRISON* と 2013 年から放映が開始された Netflix シリーズの *Orange is the new black* が大きく関わっている．前者の本は，Piper Karma（カーマン）の女性刑務所での生活に基づいた自伝であり，後者のドラマはその内容を元にして制作されたフィクションである．そこで筆者は，Karman (2010) を通読し，"orange is the new black"（厳密には "orange was the new black"）が一番初めに使用された箇所を自伝の中の "Orange Is the New Black" という章の中から抽出した．(6) を参照されたい.

(6)　I unfolded it to reveal Bill Cunningham's 'On the Street' fashion column from the Sunday *New York Times*, February 8. Covering the half-page were over a dozen photographs of women of every age, race, size, and shape, all clad in brilliant orange. 'Oranginas

---

[8] COCA のデータからは，"orange is the new black" は例外的な用例であり，X と Y がともにメトニミーとして展開すると考えられる.

Uncorked' was the headline, and Kristen had noted on a blue stickie, 'NYers wear orange in solidarity w/Piper's plight! xo K.' I carefully stuck the clipping inside my locked door, where every time I opened it I was greeted by my dear friend's handwriting, and the smiling faces of women with orange coats, hats, scarves, even baby carriages. <u>Apparently, orange was the new black.</u>

(Karman (2010: 80))

(6) は，カーマンの友人が彼女に Bill Cunningham（カニンガム）の記事を手紙で送り，当時のニューヨークで流行している色がオレンジ色であることを伝えた内容である．この文脈では囚人が刑務所の中でオレンジ色の囚人服を着ることを前提としている．手紙を開いた彼女は，あらゆる年齢，人種，サイズ，体型の女性がキラキラ光るオレンジで身を包んでいる写真を見ることになる．そういうわけで，"orange was the new black" という表現は，2004 年のニューヨークの流行色と関与していることは間違いない．Kerman (2010) で明らかにされていることは，カニンガムの記事（*Oranginas Uncorked*）がこの表現の出典だという事実である．2004 年 2 月 28 日の *New York Times* の記事を (7) に示す．

(7)　Eight decades after Prokofiev wrote "The Love for Three Oranges," the fashion world has gotten the message: the midwinter streets are dotted with people in orange. The epidemic of pink last year has been succeeded by a palette of oranges. The reason so many people suddenly appear wearing one color is that the cloth and clothing makers and mass-market retail chains have replaced designers as the most influential arbiters of fashion.

この記事から見受けられるように，2004 年のニューヨークの真冬のストリートは，オレンジ色の服を着た人が点在していたようだ．また，2003 年はオレンジ色ではなく，ピンク色が流行していたと記述されている．その理由は，布や衣料品メーカー，ならびに量販店チェーンが，ファッション業界

で最も権威のある人物にデザイナーを取って変えたからだと示されている．ゆえに，"orange is the new black" は初出の段階では「2003 年の流行色ピンク色からオレンジ色に流行りの色が変わる」を中心的な核として機能しているため，プロトタイプの内包を維持しているといえよう．では，この表現がどのようにメトニミー拡張するのかを見ていきたい．

7.3. "orange is the new black" のメトニミー拡張

　このフレーズのプロトタイプ的意味はファッション業界で運用されることを概観したが，メトニミーとして拡大する例も実際に確認される．*Urban Dictionary*（*UD*）の最初の定義では，Netflix のドラマが多大に関与していることに加え，政治の場でも使われることが見出される．例えば，2016 年の大統領選の時に "orange" はドナルド・トランプのオレンジ色の肌を示し，"black" は黒人大統領のバラク・オバマを指していて，「オレンジ色（トランプ）が新たな黒色（オバマ大統領）である」という趣意でも使用された．面白いことに，2014 年のオバマの記者晩餐会（The White House Correspondents' Dinner）では，オバマは自分自身を示す時に "black" を用い，共和党のベイナーを "orange" と呼んで，(8) のようにユーモアを交えてこの構文を応用していたことが確認されている（友繁 (2019)）．

> (8)　These days, the House Republicans actually give John Boehner a harder time than they give me, which means orange really is the new black.　(Obama)

(8) から批判の対象が，オバマからベイナーに〈変化〉してきていること，つまり政治的な方向転換の影響が看取される．"orange really is the new black" とは，その動きをオバマ[9]が認知することで産み出された表現だといえるが，(2) の X is the new Y のスキーマの意味に当てはめると，「これまでのベイナーは今までにない形でオバマの特徴を兼ね備えて存在する」とい

---

[9] 本稿ではスピーチライター（David Litt）の言葉は社会的に構築された大統領の言葉として捉え，大統領の考えと同一視している．

う解釈が可能となる．なお，これはあくまでもスキーマ的な言意であるが，メトニミーが重なることで次のような解釈の幅が生じることを指摘しておきたい．

表3：“orange is the new black” のメトニミー拡張と解釈
（友繁（2019）を元に作成）

① 色と人種	（Orange＝白人）is the new（black＝黒人） →〈白人が新たな黒人である〉
② 人物	（Orange＝白人＝ベイナー）is the new（black＝黒人＝オバマ） →〈ベイナーが新たなオバマである〉
③ コンテクスト	前提：オバマ＝批判の対象 （Orange＝ベイナー）is the new（black＝批判の対象） →〈ベイナーが新たな批判の対象である〉

表3の ① は，色から連想される人種に焦点を当てた解釈であり，② はその人種がメトニミーとして誰を指すのかを表したものだ．① と ② を土台として，(8) のコンテクストから，③ の「ベイナーが新たな批判の対象である」という X と Y がメトニミーとして拡張した後の解釈が生じると結論づけられる．それゆえ，初めはプロトタイプの色彩語 “orange” がメトニミーを介して人物を表すものへと発展し，それがコンテクストの助けを借りてさらにメトニミーとして繰り広げられる現象が認められる．

8.　結語

　本稿は，(3) の仮説を検証すべく，X is the new Y をスキーマとする政治の場で X がメトニミーとして拡張する事例，色彩語と構文の関係性とプロトタイプ使用，そして最後に X と Y がともにメトニミーとして拡大していくことを確かめた．この構文は，話者・書き手が何らかの社会・環境の〈変化〉を認知し，これまでの X が Y に変容していることを伝達する機能がある．メトニミー拡張する理由の1つとして本稿で確認できたことは，X や

Y が，性質や視覚的要素の近接性が認められる事物を指す指示機能があり，それによって説得やユーモアといった副次的な効果が得られるということである．

　結論として，次の 3 点を主張することができる．(i) X is the new Y のスキーマは，自由度の高いスロットではあるが，傾向として社会的要因が原動力となる〈変化〉が核となり，文脈に応じて X がメトニミーとしてはたらく．(ii) X is the new black の X には，プロトタイプとして色彩語が代入され，ファッションの分野で使用される傾向がある．(iii) orange is the new black は，(ii) をプロトタイプとするが，社会変動が観察される文脈において，X と Y がメトニミー拡張することで，メタファーとしても機能する．

参考文献

Andrews, Helena (2010) *Bitch Is the New Black: A Memoir*, HarperCollins, New York.

Antonopoulou, Eleni and Kiki Nikiforidou (2011) "Construction Grammar and Conventional Discourse: A Construction-based Approach to Discoursal Incongruity," *Journal of Pragmatics* 43(10), 2594–2609. doi:10.1016/j.pragma.2011.01.013

Baudrillard, Jean (2016) *The Consumer Society: Myths and Structures*, SAGE, Thousand Oaks, CA. [ジャン・ボードリヤール, 今村仁司・塚原史 (訳) (2017)『消費社会の神話と構造』紀伊國屋書店, 東京.]

Corpus of Contemporary American English (COCA). (n.d.). Retrieved from <https://www.english-corpora.org/coca/>

Declerck, Renaat (1988) *Studies on Copular Sentences, Clefts and Pseudo-Clefts*, Walter de Gruyter, Berlin.

English Tutors Online. (n.d.). Retrieved from <https://www.cambly.com/en/student/tutors>

Fairclough, Norman (2001) *Language and Power*, Routledge, London.

Fillmore, Charles J. and Paul Kay and Mary Catherine O. (1988) "Regularity and Idiomaticity in Grammatical Constructions: The Case of Let Alone," *Language* 64(3), 501. doi:10.2307/414531

Goldberg, Adel E. (1995) *Constructions*: *A Construction Grammar Approach to*

Argument Structure, University of Chicago Press, Chicago.

Goldberg, Adel E. (2019) *Explain Me This: Creativity, Competition, and the Partial Productivity of Constructions*, Princeton University Press, Princeton.

Halliday, Michael (1978) *Language as Social Semiotic*, Edward Arnold, London.

Hoffmann, Thomas and Graeme Trousdale, eds. (2013) *The Oxford Handbook of Construction Grammar*, Oxford University Press, New York.

Huddleston, Rodney and Geoffrey K. Pullum (2002) *The Cambridge Grammar of the English Language*, Cambridge University Press, Cambridge.

Ideological Profile of Each Source's Audience. (n.d.). Retrieved from <https://www.journalism.org/2014/10/21/political-polarization-media-habits/pj_14-10-21_mediapolarization-09/>

Kerman, Piper (2010) *Orange Is the New Black*: *My Time in a Women's Prison*, Hachette UK, London.

Lakoff, George (1987) *Women, Fire, and Dangerous Things*, University of Chicago Press, Chicago.

Litt, David (2017) *Thanks, Obama: My Hopey, Changey White House Years*, HarperCollins, New York.

中村芳久 (2019)『認知文法研究：主観性の言語学』くろしお出版，東京．

大月実・進藤三佳・有光奈美 (2019)『認知意味論』くろしお出版，東京．

Oxford English Dictionary. Retrieved from <https://www-oed-com.remote.library.osaka-u.ac.jp:8443>

Tina Fey: "Bitch is the new black". (2011, September 26). Retrieved from <https://www.salon.com/2008/02/25/fey/>

友繁有輝 (2019)「オバマの記者晩餐会 (2014) におけるメタファーとジョーク」『レトリックとコミュニケーション (言語文化共同プロジェクト 2018)』, 37–49, 大阪大学大学院言語文化研究科．

Urban Dictionary: Orange is the new black. (n.d.). Retrieved from <https://www.urbandictionary.com/define.php?term=Orange%20is%20the%20new%20black>

YouTube. (n.d.). Retrieved from <https://www.youtube.com/watch?v=g1zpQgi30ZE>

渡辺秀樹 (2013)「英語動物名メタファーの構造性：複合語グループ・関連動詞と転用動詞・総称名と下位語のメタファー用法　共同研究　英語動物名メタファー (14)」『レトリックの伝統と伝搬 (言語文化共同プロジェクト 2012)』, 1–18, 大阪大学大学院言語文化研究科．

索　引

1. 日本語はあいうえお順で示し，英語は ABC 順で最後に一括してあげた.
2. 数字はページ数を示す.
3. f. は，次ページに続くことを，ff. は次ページ以降にも続くことを，また，fn. は脚注を意味する.

発話の文脈（レジスター）　148, 155
パターン　18, 29f., 98
否定の意味　92
フェイス侵害行為　6
負荷度　6
副詞（句）　2ff., 13, 14fn, 16
文法化　164, 167f.
文末焦点の原則　159
文らしさ　26fn.
方向性　49, 57
法助動詞　82f.
補部　18, 20, 23, 25, 29f.
本動詞　25, 29
本来語　20
ポライトネス，ポライトネス理論　4, 6

[ま行]

未来性　49f., 53, 55
無意志動詞　83
名詞　18f., 21, 23, 25f., 26, 26fn., 29f.
名詞性　26, 26fn., 28
命令文　154, 158
メトニミー拡張　202, 207
モニターコーパス　22

[や行]

様態副詞　4
欲求　52, 56f., 60f., 63

[ら行]

礼儀の副詞　4
連結詞　21
連鎖　19, 22
連鎖のタイプ（偶然的連鎖，コロケ-

ション，定型表現，イディオム）
65ff.

[英語]

Acc Ing　26fn.
action nominal　26fn.
angry　68f.
AntConc　7
anxious about (to)　82
bitch is the new black　199ff.
BNC　22ff., 23fn.
can　83
COCA　7ff., 7fn., 15, 22ff., 23fn.
common　98, 100
courtesy subjuncts　4
CQL　23fn.
derived nominal　26fn.
desire-fulfilled　54
deverbal noun　26fn.
different from (to)　87f.
embedded questions　26fn.
enjoyment-actual　54
Enron Email Dataset　7
ESC　7ff., 7fn., 13, 15, 16fn.
except (for)　83f.
Face-Threatening Acts　6
from (原因)　69ff.
from (レジスター別頻度)　71
FTA　6, 16, 16fn.
here's hoping　130ff., 138, 140, 143, 144fn., 146
here's looking　131ff., 136ff., 140, 146
here's looking at you　131ff., 136f., 140, 146
here's wishing　131f., 138, 140, 146
hcrc's to hoping　131, 144fn.

執筆者紹介

井口 智彰

大島商船高等専門学校一般科目准教授. 専門は認知言語学, 英語の語法研究, 英語教育.
主要業績："Grammaticalization and idiomatization as semantic extension: with spe-
cial reference to take"（『言語コミュニケーション文化』第 11 号, 19-31, 2014),
「修飾の精緻化と拡張 —— 英語軽動詞構文に共起する形容詞の事例を中心に ——」（『日
本認知言語学会論文集』第 18 号, 487-493, 2018),「プロトタイプからの隔たりは
どのように記述されるか? —— 英語軽動詞構文の他動性による分類を基に ——」（『日本
認知言語学会論文集』第 20 号, 414-420, 2020), など.

井上 亜依

防衛大学校外国語教育室准教授. 専門は現代英語のフレイジオロジー（定型表現研
究), 英語辞書学.
主要業績：『英語定型表現研究の体系化を目指して —— 形態論・意味論・音響音声学の
視点から』（研究社, 2018［2019 年日本英語コミュニケーション学会学会賞受賞]),
『英語のフレーズ研究への誘い』（開拓社, 2019),『フレーズ活用英語塾：世界で活躍
できる人材になる』（小学館, 2019), など.

梅咲 敦子

関西学院大学商学部教授. 専門はコーパス言語学, コロケーション研究.
主要業績："Syntactic boundaries and prosodic features in English" (Toshio Saito,
et al. (eds.) *English Corpus Linguistics in Japan*, 3-18, Rodopi, 2002),『英語コー
パス言語学 —— 基礎と実践』（齊藤俊雄・中村純作・赤野一郎（編), 担当 pp. 21-48,
研究社, 2005),「大規模コーパスによるコミュニケーション的視点からの受動形の分
析」（深谷輝彦・滝沢直宏（編)『コ ̄パスと英文法・語法』, 221-244, ひつじ書房,
2015), など.

神崎 高明

関西学院大学名誉教授. 専門は英語の語法・文法, 日英語の対照研究.
主要業績：『日英語代名詞の研究』（研究社, 1994),『英語教育と文化』（英語教育学
大系第 3 巻)（共著, 大修館書店, 2010),『語・文と文法カテゴリーの意味』（ひつ
じ意味論講座第 1 巻)（共著, ひつじ書房, 2010),『21 世紀英語研究の諸相』（共編,

216

開拓社，2012），など.

藏薗 和也
神戸学院大学人文学部講師. 専門は英語の語法・文法，シノニム比較，コロケーション.
主要業績：「起動動詞 get, fall, set に後続する統語形式 to V, V-ing 及び補文動詞の選択基準」（『日本英語コミュニケーション学会紀要』，第 25 巻第 1 号，1-15, 2016），「起動動詞 begin と start に後続する to 不定詞及び動名詞構文の性質」（『英語語法文法研究』，第 23 号，102-117, 2016），「to 不定詞補文及び動名詞補文における選択制限——起動動詞 grow, proceed, commence, resume を例に」（『日本英語コミュニケーション学会紀要』，第 28 巻第 1 号，1-15, 2019），など.

鈴木 大介
ロンドン大学（UCL）文学部博士課程在学中. 研究テーマは英語の依頼表現. 特に電子メールにおける依頼の緩和表現を研究中.
主要業績：『わかりやすいビジネス英文 E メールの基本公式 30』（明日香出版社，2011），"A corpus-based study of a request expression: is 'could you kindly' really kind?"（『言語コミュニケーション文化』第 15 号，145-161, 2018），など.

住吉　誠
関西学院大学経済学部教授. 専門は英語語法文法，フレイジオロジー，辞書学.
主要業績：『小学館　オックスフォード　英語コロケーション辞典』（編集委員，小学館，2015），『談話のことば 2 規範からの解放』（研究社，2016），『慣用表現・変則的表現から見える英語の姿』（編著，開拓社，2019），『コーパス研究の展望』（共著，開拓社，2020），など.

友繁 有輝
大阪大学大学院言語文化研究科博士後期課程在学中. 近畿大学・大阪工業大学・立命館大学非常勤講師. 専門は，認知言語学，政治的談話を対象としたメタファー研究.
主要業績：「アメリカ大統領の就任演説におけるメタファー：ケネディ・ニクソン・オバマの就任演説を比較して」（『交差するレトリック：精神と身体，メタファーと認知』，53-65，言語文化共同プロジェクト 2016），「アメリカ大統領の就任演説（1960 年〜2017 年）におけるメタファー分析」（『日本認知言語学会論文集』第 18 号，97-109, 2018）「オバマの記者晩餐会（2014）におけるメタファーとジョーク」（『レトリックとコミュニケーション』，37-49，言語文化共同プロジェクト 2018），など.

友繁 義典
兵庫県立大学教授. 専門は英語の語法・文法，意味論・語用論.

主要業績：『入門講座　英語の意味とニュアンス』（共著，大修館書店，2008），『ネイティブ感覚に近く英語のニュアンス』（開拓社，2011），『英語動詞の分類と分析　意味論・語用論によるアプローチ』（共著，松柏社，2015），『英語の意味を極める I 名詞・形容詞・副詞編』（開拓社，2016），『英語の意味を極める II 動詞・前置詞編』（開拓社，2016），『問題を解きながら学ぶ　基本英単語の語法』（開拓社，2020），など．

西村　知修

石川工業高等専門学校一般教育科講師，西南学院大学大学院文学研究科博士後期課程在学中．専門は生成文法．
主要業績：「動詞句修飾の副詞の生起位置と解釈について」（『西南学院大学大学院論集』第 4 号，43-55，2017），「自由英作文答案からみる学生の文法力に関する考察」（『全国高等専門学校英語教育学会研究論集』第 38 号，141-150，2019），など．

林　智昭

近畿大学建築学部非常勤講師．専門は英語学，言語変化の研究（文法化，語彙化）．
主 要 業 績："Prepositionalities of deverbal prepositions: differences in degree of grammaticalization" (Papers in Linguistic Science, Graduate School of Human and Environmental Studies, Kyoto University, No. 21, 129-151, 2015)，「文法指導への意味論的アプローチ：言語変化の『文法化』を例に」（『JACET 関西紀要』第 18 号，106-125，2016），など．

傅　建良

関西学院大学経済学部・人間福祉学部・国際学部非常勤講師．言語コミュニケーション文化博士．専門は英語学（意味論，対照言語学）．
主要業績："From narrowed current relevance to extended current relevance"（『JACET 関西紀要』第 12 号，32-45，2010），"Between the present perfect and the preterite: an analysis on the 'I seen it' pattern" (JELS, No. 28, 15-21, 2011)，"The 'news perfect' from an evolutionary perspective"（『エクス言語文化論集』第 11 号，23-38，2019），など．

八木　克正

関西学院大学名誉教授．専門は英語の語法・文法，辞書学，フレイジオロジー．
主要業績：『英語定型表現研究』（共著，開拓社，2013），『熟語本位英和中辞典　新版』（校注，岩波書店，2016），『斎藤さんの英和中辞典——響きあう日本語と英語を求めて』（岩波書店，2016），『英語にまつわるエトセトラ』（研究社，2018），など．

英語実証研究の最前線

(*The Latest Development in Usage-Based Studies in English Linguistics*)

編　者	八木克正・神崎高明・梅咲敦子・友繁義典
発行者	武村哲司
印刷所	日之出印刷株式会社

2020 年 9 月 26 日　第 1 版第 1 刷発行©

発行所　　株式会社　開 拓 社

〒 113-0023 東京都文京区向丘 1-5-2
電話　(03) 5842-8900 (代表)
振替　00160-8-39587
http://www.kaitakusha.co.jp

ISBN978-4-7589-2289-0　C3082